SAUGUES

Pendant la Révolution

PAR

L'Abbé François FABRE

(Tiré à cent exemplaires)

LE PUY

IMPRIMERIE DE L'AVENIR DE LA HAUTE-LOIRE

PLACE MICHELET

1906

SAUGUES
Pendant la Révolution

PAR

L'Abbé F. FABRE

LE PUY

IMPRIMERIE DE *L'AVENIR DE LA HAUTE-LOIRE*

PLACE MICHELET

—

1905

Saugues pendant la Révolution

CHAPITRE I

Quand s'ouvrit l'ère de la Révolution, les habitants du mandement de Saugues n'étaient point encore suffisamment préparés à faire bon accueil aux idées nouvelles et aux réformes annoncées.

Le but de cette évolution était de rénover l'état social par la suppression d'abus surannés et des privilèges de caste, et de diminuer ainsi, sinon faire disparaître l'inégalité des conditions. On voulut, du même coup, toucher à la religion catholique et la rayer, comme d'un trait de plume, de la France tout entière.

Or, la mentalité religieuse qui caractérisait nos pères et dont un témoignage irrécusable nous est fourni par les pieuses fondations, par les bonnes œuvres multiples qui se retrouvent invariablement dans les testaments de l'époque, les posait en défenseurs zélés de cette même religion. Leurs convictions étaient profondes, leur foi vive et leurs pratiques constantes.

De plus, ils étaient fermement attachés à leurs prêtres : ceux-ci, à Saugues, à Venteuges, à Cubelles, à Servières et ailleurs, par le mode de recrutement usité en ces localités, étaient originaires de la paroisse, et rattachés aux habitants par les liens du sang. On explique par là et par leurs sentiments religieux comment ces mêmes habitants surent garder et défendre avec une particulière énergie leurs prêtres à l'heure de la persécution.

En second lieu, les privilèges séculaires des hautes classes semblaient peser moins lourdement sur la population de ce petit coin de terre. Là, loin des cours et loin des villes, ne se constataient point les exactions consécutives au luxe ruineux et aux folles prodigalités qui, en d'autres lieux, faisaient aux privilégiés de jaloux et d'irréconciliables ennemis. Là, la démarcation entre les classes semblait moins tranchée que partout ailleurs. Des hobereaux de toute sorte peuplaient les bourgs et les villages et ne se distinguaient du menu peuple que par la tour un peu prétentieuse qui décorait leur demeure, et la particule plus ou moins légitime dont ils allongeaient leur nom. D'aucuns, dans les campagnes, ne craignaient pas de mettre la main à la charrue, et de donner même aux manants leurs filles en mariage, le cas en est fréquent, ainsi qu'on peut le constater dans les monographies de Saint-Préjet, Venteuges, la Fagette, etc.

Quant aux gros censitaires, comme le seigneur d'Apchier, nonobstant la supériorité incontestée de leur situation, ils s'étaient fait, pour la plupart, une telle popularité que l'emprisonnement de celui-ci, on le verra plus loin, jettera la consternation parmi la population. Les municipalités de Cubelles et de Saugues lui délivreront un certificat de civisme, et enverront solliciter son élargissement auprès des membres du district.

D'autre part, les doctrines subversives des philosophes qui avaient si profondément sapé la société et corrompu la bourgeoisie, n'avaient point eu le temps de pénétrer parmi ces populations attardées qui trouvaient acceptable l'état de choses actuel, n'ayant point la conception d'un idéal meilleur et d'une évolution plus désirable.

Enfin les famines qui en diverses parties de la France furent l'occasion de révoltes locales et provoquèrent cette anarchie spontanée, le prélude de l'ère nouvelle, à Saugues même, faisaient sentir moins qu'ailleurs leur résultat. Le pays était si pauvre, la pénurie si fréquente, que par suite de l'accoutumance, les populations supportaient leur situation avec cette stoïcité qui leur était familière.

Ce n'est pas toutefois que l'on ne sentit le besoin d'alléger les charges qui pesaient sur le prolétaire, et d'abolir certains privilèges devenus surannés et injustifiés, alors que ne subsistaient plus les causes qui les avaient fait naître, comme aussi de supprimer certaines impositions qui étaient l'occasion de vexations odieuses, et dont la perception devint fort difficile dès la seconde année.

C'est pour alléger ces charges et abolir ce qu'avaient d'onéreux ces abus, que MM. Vernet de Digons et Prolhac, l'un maire, l'autre curé de la ville, furent délégués pour apporter aux Etats les cahiers de doléances de la paroisse, soit au point de vue civil, soit au point de vue ecclésiastique. Et la suppression de ces abus que l'on voulait faire disparaître, ces améliorations que l'on désirait, on pensait les voir s'accomplir sans violence et sans effusion de sang, par l'évolution sage et lente des événements, avec cette mâturité qui seule assure de la durée aux innovations.

C'est pourquoi la Révolution, telle qu'elle s'annonçait, trouva près de la majeure partie de la population de Saugues un accueil plutôt froid et un crédit très réservé. Ces idées nouvelles et ces procédés brutaux ne lui disaient rien qui vaille. Aussi verrons-nous le Directoire du Puy faire tous ses efforts pour amener à Saugues le triomphe des doctrines révolutionnaires. Il n'épargnera rien. D'abord des lettres virulentes, puis des arrêtés sans nombre et des décrets tyranniques concernant cette localité, des citations à sa barre des autorités suspectes de tiédeur, enfin des envois continuels d'émissaires forcenés et de commissaires chargés de terroriser et d'emprisonner sans merci tous ceux qui paraissent suspects. Cette pression persistante eut pour effet de modifier la face des événements, parce qu'elle trouva un certain écho chez quelques personnages du bas peuple qui formaient ce qu'on appela la société populaire ; mais la municipalité elle-même, quels que fussent ses chefs, opposa à toutes ces innovations et à ces mesures vexatoires la force d'inertie autant qu'elle pût le faire sans s'attirer d'une façon trop brutale les foudres du district.

L'esprit nouveau qui agitait déjà la capitale et la France ne se décelait à Saugues que par de vagues rumeurs causées par les feuilles publiques, et par la création d'une milice bourgeoise chargée de veiller au bon ordre et de prévenir les insubordinations qui pourraient se produire.

Cette milice, composée de volontaires recrutés parmi les pères de famille et les jeunes gens de la paroisse, avait à sa tête le commandant Chrétiennot, les capitaines Guilhe de Fraissenet, Vernet de

Digons, premier consul-maire, Torrent et Prolhac, avocat. Elle fut l'occasion de nouvelles dissensions entre les officiers de justice et les consuls de la ville.

On a vu (*Notes hist. sur Saugues*, page 226), comment le bon accord était loin de régner entre ces deux corps constitués, pour de futiles questions de préséance. Loin de s'apaiser dans la succession des années, ces animosités n'avaient fait que s'accroître, et le moindre incident était un prétexte ou une occasion de litiges acrimonieux.

Le 15 août 1789, les compagnies de la milice avaient été distribuées dans le corps de la procession, pour maintenir le bon ordre et rehausser l'éclat de la cérémonie. Ces dispositions avaient été prises par le commandant et les consuls. Les officiers de justice prétendirent que la police leur appartenait, et voulurent modifier l'ordre de la troupe. Ne pouvant y réussir, ils s'abstinrent de figurer à la procession.

Le soir venu, quelques femmes, des enfants et des hommes du menu peuple, un tambour à leur tête, se rassemblent devant le logis de M. de Lobérie, le prévôt de la ville. Celui-ci de se plaindre du procédé des consuls : « Il avoit « reçu un affront dont il falloit le ven- « ger... il leur défendoit de monter la « garde ; que des J... F... n'avoient au- « cun droit de les commander... qu'il « les autorisoit à faire garde séparément, « les prenoit sous sa protection, leur « permettant d'agir à leur gré sans mé- « nagement, en ajoutant : Nous sommes « juges (1). »

(1) Extrait des délibérations du Conseil de Saugues, des 15 et 16 août 1789. Imprimé sans nom d'imprimeur. (Communic. de M. Gonson.)

Cette bande se rendit ensuite chez le procureur du Roi, Vergèses, puis de là, précédée du nommé Broutin, tanneur, qui battait du tambour, fit le tour de la ville en proférant des cris tumultueux jusque vers les neuf heures du soir.

La milice, sur l'ordre des consuls, s'assembla, dispersa facilement cet attroupement et s'empara de Broutin qui fut mis au corps de garde.

Le lendemain, 16 août, le Conseil de ville se réunit et délibéra sur cette affaire. Une série de délibérations et de procès-verbaux imprimés ensuite, relate en termes violents et avec une évidente exagération, les procédés coupables des deux officiers de justice qui sont dépeints sous les plus noires couleurs.

Le tambour Broutin, dans l'interrogatoire, déclare que ceux qui étaient allés le chercher pour jouer du tambour lui avaient promis cinq sols chacun, et que Vergèses s'était rendu caution de ce payement et avait promis six livres en sus.

Les avocats et les procureurs avaient, à leur tour, pris la résolution suivante :

« Avons arrêté : 1° Que nous n'irons « plus aux audiences de la prévôté, en « quelle qualité que les sieurs Lobérie et « Vergèses y assistent.

« 2° Que dans la même justice nous ne « poursuivrons aucune affaire, ni par « écrit, ni autrement.

« 3° Que dans les autres justices nous « ne prêterons notre ministère dans « aucun procès où ils pourroient se pré- « senter, à moins que ce ne soit person- « nellement contre eux.

« 4° Que nous avons nommé MM. Ver- « net de Digons et Prolhiac, avocats,

« pour surveiller et dénoncer celui de
« nous qui contreviendra au présent rè-
« glement, comme criminel de lèse-
« patrie (1)..... »

Ce conflit n'avait jusqu'ici jamais
connu une telle acuité, et l'on employait
en cette occurrence, de bien grands
mots que ne justifiaient pas les événements. La suite des faits démontrera
facilement que le procureur du roy,
Vergèses, n'était point aussi noir qu'on
voulait bien le dépeindre. N'est-on pas
obligé de se défier un peu de ces plaintes rédigées *ab irato*, alors que l'esprit
est encore tout pénétré des impressions
de l'heure présente ?

Le 21 août, nouvelle délibération du
Conseil de ville.

Il y est statué que le Conseil donnera
son adhésion à l'arrêté précédent des
avocats et procureurs. « Cette adhésion
« sera présentée aux citoyens de tous
« Ordres, pour y accéder et y donner plus
« d'authenticité, et persistant dans les
« conclusions de son verbal du quinze
« et seize de ce mois, le Conseil s'est in-
« terdit toute communication avec ces
« factieux ; les dénonce à la Nation
« comme perturbateurs du repos public,
« séditieux et antipatriotes ; a statué que
« copie du présent arrêté ainsi que celui
« du corps de justice, sera adressé à
« MM. les députés du diocèse à l'assem-
« blée Nationale, au commandant de la
« province, au syndic du diocèse de
« Mende (2). »

M. de Lobérie crut de son devoir de
céder devant une si formidable hostilité,
et fit les premières avances pour arriver
à une conciliation : « Etant arrivé à

(1) *Ibid.*, p. 11.
(2) *Ibid.*, p. 13.

« l'Assemblée, il nous a déclaré qu'il
« avoit écrit quatre lettres, savoir : à
« M. le commandant de la province, à
» M. le procureur-général, à M. le garde
« des Sceaux, et à M. le duc de Liancourt,
« avec des remontrances faites par M.
« Vergèses ; que le tout ne contenoit
« qu'une plainte sur ce que le Comité lui
« enlevoit la police ; il a déclaré en ou-
« tre qu'il reconnoît la légalité de la
« milice bourgeoise, et promet d'agir de
« concert avec tous ceux qui la com-
« posent pour le maintien du bon ordre
« et de la sécurité publique..... Il a af-
« firmé sur sa parole d'honneur qu'il n'a
« été fait aucune autre démarche, ni
« plainte contre la milice bourgeoise,
« que quatre nouvelles lettres aux mêmes
« puissances, pour se plaindre contre M.
« Vernet, de ce qu'il l'avoit empêché d'as-
« sister à la procession du quinze
« août..... (1) ».

La lettre du procureur du roi établit
les griefs qu'avaient à leur tour les officiers de justice contre l'édilité locale :

« Remontre le procureur du roi qu'il
« n'est plus possible de voir d'un œil
« tranquille les vexations sans nombre
« exercées depuis longtemps par les
« Consuls de cette ville, à l'appui de
« quelques fermiers et marchands de
« grains comme eux, contre les officiers
« de police de cette prévôté, et notam-
« ment l'insulte faite le 31 juillet der-
« nier, jour de marché, à raison de la
« police du bled..... Cette voie de fait
« attentatoire aux droits de la prévôté et
« sans exemple pour la sédition, ces es-
« prits turbulans et téméraires n'ayant
« en vue ni l'intérêt public, ni celui du
« roi, mais la seule ambition en empié-

(1) *Ibid.*, pp. 15 et 16.

« tant sur nos droits de faire la police et
« surtout celle du bled concernant l'ap-
« provisionnement du marché.... Nous
« eûmes toutes la peine possible à conte-
« nir le peuple et à l'empêcher d'aller
« ravager la maison de V..., premier
« consul, par la raison qu'il s'étoit avisé de
« défendre au tambour de ville de battre
« la caisse par les ordres des officiers de
« la prévôté, à quoi nous pourvûmes en
« faisant délivrer au peuple la caisse
« d'un particulier, qu'ils prirent pour
« se réjouir ; que ce ne fut que par le
« plus grand attachement que le peuple
« a pour nous, que nous parvînmes à
« l'apaiser heureusement. et que ce tu-
« multe fut terminé par des danses au
« son de la caisse et du flajolet, en
« criant : Vive le roi, vivent les officiers
« de police de la prévôté.....

« Remontre encore que malgré qu'il
« ait été convenu lors de notre réunion,
« que les Consuls nous présenteroient
« une certaine délibération créative de
« cette milice bourgeoise, remplie d'im-
« postures contre nous, et des blâmes
« ménagés à dessein, qu'ils avoient fait
« signer à quelques journaliers ou ou-
« vriers, suivant leur usage, cependant
« ces Consuls et cabale ont manqué à
« leur parole (1)..... ».

Il est malaisé, à travers tant d'aigreurs
et de plaintes réciproques, de décider de
quel côté se trouvait le bon droit ; le
parti le plus sage serait de croire que
les torts étaient partagés, et que les querelles, aiguisées par un contact journalier, s'envenimaient sans mesure à l'occasion des incidents les plus futiles.

Et de nos jours, comme à toute autre époque d'ailleurs, n'en irait-il pas

(1) *Ibid.*, p. 20.

de même, si la division des pouvoirs mettait en conflit les autorités constituées ?

On lit encore dans l'imprimé :

« L'exemple de M. Lobérie n'a pas
« touché le sieur Vergèses ; il persiste
« dans sa noirceur ; il a même menacé
« d'appeler à son secours les gens des
« villages voisins et notamment des ter-
« res de Saint-Privat et de Vabres (1),
« ce qui détermina les membres du Co-
« mité d'en écrire à MM. les comtes d'Au-
« beterre et de Vabres (2). »

Réponse de M. le comte de Vabres.

« La Baume, le 23 août 1799. »

« Messieurs,

« J'ai reçu la lettre que vous m'avez
« fait l'honneur de m'écrire et suis,
« on ne peut pas plus, sensible à votre
« attention à me faire part de la con-
« duite atroce de M. Vergèses envers ses
« concitoyens, et de ses propos inconsi-
« dérés qu'il auroit à son secours des
« gens des paroisses de Saint-Privat et
« de Vabres. Mon beau-père et moi som-
« mes bien éloignés de favoriser des
« vues si criminelles, si toutefois elles
« étoient sincères chez lui, mais je suis
« persuadé que ce sont des propos en
« l'air auxquels il n'a jamais pensé sé-
« rieusement, qui ne laissent pas que
« d'être très répréhensibles, parce que
« dans un temps de fermentation, tel
« que celui où nous avons le malheur de

(1) Il était greffier des terres de Vabres et de Saint-Privat.
(2) *Ibid.*, p. 21.

« nous trouver, il ne faut qu'un mot sé-
« ditieux pour ameuter le peuple et le
« porter aux plus grands excès..... Si
« j'osois me flatter que ma recomman-
« dation peut être de quelque poids au-
« près de vous, je l'employerois pour
« vous prier d'oublier ses torts, bien per-
« suadé qu'il les reconnaîtra lui-même,
« et qu'il vous en témoignera tous ses
« regrets. »

« D'Apchier, comte de Vabres (3). »

Comment cela devait-il finir ?

Les parties adverses, quelle que fût
leur animosité réciproque, en dehors
des droits et des privilèges, le sujet ordinaire de leurs litiges, étaient, pour tout
le reste, animées des meilleurs intentions.

La lutte contre le ferment révolutionnaire que l'on allait essayer d'inoculer
aux habitants de cette paroisse réunit
tous leurs efforts pour la défense commune, en même temps que la suppression de la prévôté et de ses privilèges,
facilita la pacification. On va les voir oublier bientôt leurs divisions pour ne
songer qu'à la préservation de leurs administrés contre les intrusions des étrangers.

(3) *Ibid.*, p. 24.
Louis-Charles d'Apchier, comte de Vabres, baron de
la Baume des Deux-Chiens (Douchanès), de Saint Véné-
rand, en Gévaudan, et de Hautvillar, près Vernoux en
Vivarais, résidait alternativement au château de la
Baume et au château de Hautvillar. Il était fils de Char-
les-Louis Alexandre d'Apchier, comte de Vabres, baron
de la Baume, etc., et d'Henriette de Fay-Solignac. Il
avait épousé au château de Saint-Privat-d'Allier, le 14
juin 1771, Agathe-Marie-Philippine de Bouchard d'Aubeterre, fille de J.-Nicolas-Augustin, comte de Bouchard
d'Aubeterre, chevalier, seigneur et baron de Saint-Privat,
Mercœur, Rochegude, Bergonjac, Reillac et autres places et de Anne-Marie Chevalier d'Entremel, laquelle
était veuve en premières noces du comte de Bouillé, baron d'Alleret.

CHAPITRE II

LE MANDEMENT DE SAUGUES DÉTACHÉ DU
GÉVAUDAN ET RATTACHÉ AU PUY POUR
FORMER LE DÉPARTEMENT DE LA HAUTE-
LOIRE. — DIFFICULTÉS APPORTÉES A CETTE
DISTRACTION.

La première étape de l'ère nouvelle
fut marquée par une réforme impor-
tante.

Lors de la formation du département
de la Haute-Loire, des émissaires venus
du Puy, par la perspective d'un siège
de justice que l'on ferait accorder à Saugues, sollicitèrent les officiers de la pré-
voté et les notables de demander à être
détachés du Gévaudan pour se faire
joindre au Velay. Ce motif, et l'intérêt
indiscutable que l'on avait, au point de
vue judiciaire et administratif, à dépen-
dre d'un chef-lieu plus rapproché et de
plus facile accès que Mende, séduisi-
rent les habitants de Saugues.

D'une voix unanime, dans une délibération du 10 décembre 1789, ils demandèrent à faire partie du département
de la Haute-Loire, et nommèrent MM.
Vernet de Digons et Belledent, avocats,
pour se rendre au Puy et transmettre
leur requête au comité de cette ville.
Bien plus, un mémoire fut rédigé où
étaient expliqués les motifs de cette
distraction, et où, modestement et timi-
dement sans doute, l'on demandait à
voir établir à Saugues le siège d'un district.

« ...... La ville de Saugues, disait le
mémoire, ne peut aboutir qu'à ce département, n'étant éloignée de celle du Puy
que de cinq lieues (!!), et pénétrés de l'es-

prit de cette auguste assemblée à ména-
ger, par des vues de justice et d'équité,
l'intérêt de chaque canton du royaume,
nous croyons nécessaire, pour le bien
public, de lui représenter et la supplier
de prendre en considération que la ville
de Saugues doit former un district.....

« La ville de Saugues est le point
central de trente-quatre paroisses considérables qui l'environnent... et trop
éloignée de toutes celles de son entour;
à cinq lieues du Puy, à six de Langogne,
à neuf de Mende, à quatre du Malzieu
et à sept de Saint-Flour...... C'est donc
le cas que l'Assemblée a prévu en décré-
tant que les districts seront formés suivant les convenances et les besoins locaux; au lieu que si on ne donnait à cette
ville qu'une seule municipalité, un juge
de paix, toute cette contrée serait dans
la dernière désolation.....

« La position des lieux ne peut-
être plus favorable pour l'établissement
de ce district... la ville de Saugues et
les autres paroisses sont toutes encloses
par la Margeride... leur principal commerce est à Saugues, c'est là d'où elles
tirent tout, où elles rapportent presque
tout..... On ne parle pas de Langeac qui
est entre Brioude et Saugues: cette petite
ville est trop peu considérable pour attirer celle de Saugues... (1) »

On conçoit quel bon accueil trouva
auprès de l'autorité compétente le vœu
des habitants de Saugues d'être joints
au Velay. Par contre, ces désirs ambitieux de posséder le siège d'un district
n'eurent guère de succès.

Ce remaniement des anciennes divisions territoriales avait mis en appétit

____

(1) *Bul. de la Soc. d'Agric. de la Lozère*, année
1882. p. 42. et suiv.

les petites villes voisines : Langogne voulait également devenir le siège d'un district, sinon d'un chef-lieu de département. Dans sa convoitise, elle s'était taillé de droite et de gauche une circonscription dont devaient faire partie Saugues et les communes qui en relèvent. Aussi avait-elle envoyé au comité de constitution du département, par son député, M. Toureille, un mémoire contre l'attribution de Saugues au département de la Haute-Loire. Dans ce mémoire, avec l'exagération qui caractérise toutes les requêtes de cette nature, on affirmait que le seul commerce de Saugues, ainsi que des quatorze paroisses qui l'entourent, était avec la ville de Langogne (!!) où un chemin tracé dans les bas-fonds conduisait aisément et sûrement dans toutes les saisons de l'année.

« La construction d'une route de Saugues au Puy, outre le passage insurmontable de l'Allier (!!) serait très difficile, et coûterait des sommes immenses; l'accès d'ailleurs en serait impossible pendant plus de six mois. »

« Le Gévaudan était séparé du Velay par la rivière de l'Allier, c'était une limite naturelle que l'on devait respecter.

« Les obstacles moraux ne sont pas moins puissants : les habitudes, le caractère, tout diffère entre les habitants de ces deux pays, nulle relation, nul commerce entr'eux; une espèce d'antipathie, qu'on sent plutôt qu'on ne définit, les sépare depuis des siècles (1). »

(1) *Mémoire de la ville de Langogne* contre l'attribution de Saugues au département de la Haute-Loire. *Ibid...*, p. 48.

N'a-t-on pas raison de se **défier** de la vérité des mémoires intéressés, et peut-on s'empêcher de sourire en constatant, après le fait accompli, le peu de justesse des raisons alléguées?

Enfin, le grand argument, — justifié cette fois, — était la répugnance que manifestaient les communes voisines de Saugues pour cette distraction.

« Ce n'est que par des soins continuels que les municipalités voisines et les amis de la paix sont parvenus à les empêcher de se venger sur Saugues qu'ils accusent d'être la première cause de ce qu'ils regardent comme un véritable malheur.

« Le premier cri qui se fit entendre fut celui de l'indignation, et la première résolution prise fut d'aller châtier une ville qui avait cru pouvoir disposer arbitrairement du sort des paroisses qui l'entourent...... Saugues fut dans le plus grand danger... (1) »

Ces paroisses, en effet, avaient jeté les hauts cris à l'annonce de cette nouvelle. Le conseil de Saint-Vénérand avait pris l'initiative d'engager par lettre spéciale les municipalités de Saint-Paul, Saint-Christophe, Vabres, Vazeilles, Vereyrolles, Saint-Préjet, Chanaleilles et Thoras à formuler une délibération commune qui serait envoyée aux députés pour protester contre cette distraction. Leurs délégués, François Manson, de Grèzes, Dupin, de Saint-Préjet, G. F. Sauvage de Servilanges, de Ventuejols, Vidal, de Montrazon de Thoras, Nauton de Vazeilles, avec les représentants de Chanaleilles, de Vabres, de Saint-Christophe, de Monistrol d'Allier et de Croisances, vinrent au Puy formuler leurs réclamations

(1) *Ibid.*

et demander le maintien de l'état de choses d'autrefois (1).

Mais ils furent éconduits. De guerre lasse ils rédigèrent une protestation pour être adressée à qui de droit. Rien n'y fit. L'aubaine était trop profitable pour que le département de la Haute-Loire pût ainsi lâcher sa proie, et au mois d'août 1790 la disjonction était consommée.

Saint-Paul-le-Froid, jadis du mandement de Saugues, était conservé à la Lozère. La Besseyre était rattachée à Pinols, et Prades-d'Allier à Langeac.

Saugues devenait un chef-lieu de canton, comme il avait été un chef-lieu de mandement et de prévôté. Chaque paroisse, avec sa même circonscription, était érigée en commune et dotée de son conseil municipal : toutes celles du canton relevant désormais du district du Puy.

Le mauvais vouloir des communes voisines subsista longtemps encore, et ce ne fut que le 20 mars 1791, que Venteuges et Cubelles donnèrent leur adhésion à leur réunion au Puy.

Cette modification était incontestablement avantageuse pour le canton tout entier; toutefois, bien que leur intérêt les y conviât, on comprend que les habitants ne se séparaient pas sans regret de leur ancien diocèse. L'on ne rompt point de gaieté de cœur, avec de vieilles habitudes que de longs siècles ont consacrées, et l'on brise difficilement ces liens qu'une similitude de langage, de mœurs et de croyances n'a fait que serrer davantage. Et, de son côté, ce qui fut le Gévaudan n'a point encore oublié ce coin de terre qui lui avait jadis appar-

(1) *Monographie de Saint-Préjet-d'Allier*, p. 120.

tenu. Il suffit d'aller à Mende, pour
constater combien, chez ceux qui s'inté-
ressent aux choses d'autrefois, cette
séparation a provoqué de regrets, et
combien il nous est encore gardé de
véritable sympathie.

CHAPITRE III

EXÉCUTION A SAUGUES DES LOIS DE LA CONS-
TITUANTE RELATIVES AUX ORDRES RELI-
GIEUX ET AU CLERGÉ. — CONSTITUTION
CIVILE DU CLERGÉ. — SUPPRESSION DE LA
COLLÉGIALE DE SAINT-MÉDARD. — PRES-
TATION DE SERMENT AVEC RESTRICTION DU
CURÉ ET DE SES VICAIRES. — L'ABBÉ RÉGIS,
VICAIRE DE GRÈZES, PRÊTRE JUREUR. — SA
RÉTRACTATION.

Cependant, la Révolution avait déjà
parcouru dans la France entière de longues étapes.

La Bastille était prise. Dans la nuit du
4 août, les nobles et le clergé avaient
fait abandon de leurs privilèges. C'était
un bien grand pas vers l'égalité tant dé-
sirée.

Des émeutes ensanglantaient la capitale. La Constituante confisquait tous les
biens ecclésiastiques qu'elle mettait à la
disposition de la nation ; puis elle avait
aboli les vœux monastiques, supprimé
les ordres et les congrégations, et im-
posé au clergé séculier la Constitution
civile qui faisait du clergé de France
un clergé schismatique. Enfin, elle exigeait de tout prêtre qui voudrait garder
ses fonctions le serment de fidélité à
cette constitution.

Il était bien difficile, quelque désir
que l'on pût en avoir, d'empêcher l'exécution à Saugues même de ces diverses
lois.

Tous ceux qui ajoutaient la particule
à leur nom s'empressèrent de la supprimer.

La communauté des Ursulines quitta
la maison qu'elle habitait, et les religieu-

ses, quel que fût leur âge ou l'état de leurs forces, se retirèrent dans leurs familles respectives. Quelques-unes avaient passé peut-être cinquante ans entre ces murs dans l'oubli du monde et le recueillement de la prière, et n'attendaient plus guère que la mort. Et il fallait maintenant, au seuil de la tombe, quitter cet asile paisible, il fallait retourner dans ce monde qu'elles ne connaissaient plus et chercher pour leurs derniers jours un toit qui les abritât (1).

Les Tiers-Ordres de Saint-Dominique et du Carmel, plus favorisés, se bornèrent à échanger leur costume contre des vêtements qui les désignaient moins facilement à l'attention publique, et continuèrent quelque temps encore leurs réunions et leurs prières.

Les Pénitents s'effacèrent et cessèrent tout ensemble leurs réunions et leurs processions.

Les chanoines de Saint-Médard durent aussi subir la loi commune. Le Chapitre Collégial était supprimé : désormais plus d'offices chantés régulièrement; plus aucun lien qui reliât entr'eux les chanoines, si ce n'est le sort commun qui les dépouillait de leurs biens. Ils n'étaient plus que de simples prêtres rendus à la vie privée, et obligés de chercher leur

---

(1) « Mais de ce que les corps ecclésiastiques avaient besoin d'être réformés, il ne s'ensuivait pas qu'il fallût les détruire. Par leur institution, un grand service public. le culte, la recherche scientifique, l'enseignement supérieur ou primaire, l'assistance des pauvres, le soin des malades, est assuré, sans charge pour le budget, défrayé par la générosité privée...

« De cette façon, avec le moins de dépenses possibles, et le plus d'effet possible, cent mille personnes, hommes et femmes, exécutent volontairement et gratuitement les moins attrayantes ou les plus rebutantes des besognes sociales. »

Taine, *Révolution*, I, p. 214.

subsistance par d'autres voies (1). Leurs rentes, en effet, étaient supprimées, les quelques censives qu'ils possédaient, abolies, et les domaines qu'ils détenaient devenus propriété de l'Etat. On verra plus loin la destination qui leur fut donnée.

On conçoit l'effarement bien naturel des habitants de Saugues à la vue de mesures si violentes et si rapidement exécutées. Ils étaient tous atteints parce qu'ils avaient tous, soit dans les ordres religieux, soit dans le clergé, quelque membre de leur famille. Aussi quand les couvents du voisinage se furent dépeuplés, ce ne fut dans les rues de la ville qu'un va-et-vient de religieux, de religieuses ou de prêtres, jetés hors de leurs cellules ou de leur communauté. Le conseil s'apitoya sur le sort des ci-devant chanoines, et chercha à leur procurer quelques ressources par la rétribution de l'enseignement qu'ils pourraient donner aux enfants de la ville, ceux-ci devant payer les leçons à eux données.

Dans sa délibération du 25 avril 1790, le Conseil décida de demander au Directoire du Puy l'autorisation de supprimer l'emploi de l'instituteur public, « y ayant assez d'ecclésiastiques pour donner des leçons de latin. » Les fonds précédemment attribués à cette fonction devaient

---

(1) Les derniers chanoines, vivant à l'aurore de la Révolution, étaient les suivants : Annet Prolhac, curé de la paroisse ; Hyacinthe Bouquet et J.-B. Montvallat, syndics en 1789 ; J.-B. Poulher, sacristain ; Gabriel-François Bonhomme ; Vital Nauton ; L.-Ant. Manson ; Vital Richard ; Dominique Couston ; Bouquet Junior ; J.-Jos. Enjelvin ; Guill.-François Boulangier ; Thomas Boudon-Dalauzier ; J.-P. Laurent Régis ; Louis-Alex. Torrent, Aug Torrent ; Guil.-François Belledent ; Guil.-Hyac. Bonhomme ; Hilaire Enjelvin ; Simon Hermet ; Rougeiron et Vernon, vicaires.

être employés aux réparations de la fontaine.

Le Conseil fit entrer dans son sein deux
des ci-devant chanoines : Hyacinthe
Bouquet et Gabriel - François Bonhomme (1). Celui-ci fut même nommé
procureur de la Commune.

A Cubelles, le ci-devant curé, l'abbé
Teyssier, s'il ne faisait point partie de la
municipalité, du moins durant les deux
premières années de la Révolution, était
à l'unanimité désigné comme scrutateur
dans chaque élection qui avait lieu.

La confiscation des biens ecclésiastiques était le début de la sécularisation
de l'Eglise de France, la Constitution civile du Clergé consomma l'absorption
de l'Eglise par l'Etat. Cette constitution
datait du 12 juillet 1790. Elle exigeait de
tous les prêtres le serment d'adhésion
pur et simple, et déclarait réfractaires
ceux qui ne le prêtaient point.

De longs mois s'écoulèrent et le clergé
de Saugues n'avait point encore été invité à prêter le serment demandé. Mais
l'heure vint, où sur la surveillance du
district, il fallut s'exécuter. S'ils voulaient conserver leurs fonctions, le curé
de la ville et les deux vicaires devaient
venir jurer obéissance et fidélité.

Mais le serment exigé était schismatique, et le saint prêtre qu'était M. Prolhac
ne pouvait accepter un serment de cette
sorte. Mis en demeure une dernière fois,
il vient avec ses vicaires par devant le
conseil promettre dans les termes suivants la formalité qu'on lui demandait :

« Je soussigné, curé de la ville et pa-

(1) M. Gabriel-François Bonhomme, frère de J. Bonhomme, précédemment notaire et maire de Saugues
(1751-1758), était titulaire de chapellenies de la Reine
et des Dames de France, au titre de la Raimbeau-
dière, Dogier, Robergeau, etc.

roisse de Saugues, promet de prêter le serment requis avec toutes les conditions et restrictions que ma conscience me dictera, pour n'adhérer à rien de ce qui pourrait être opposé à l'église catholique, apostolique et romaine, le jour qui nous sera indiqué par Messieurs les officiers municipaux de cette ville. A Saugues, ce 15ᵐᵉ février 1791. Prolhiac (1). »

Et avec lui, à peu près dans les mêmes termes promirent de jurer les deux vicaires Rougeyron et Vernon.

Le jour assigné fut le 20 février. A l'heure dite, la municipalité se réunit en grande solennité, et au milieu d'un silence émouvant que comportait la gravité des circonstances, le vénéré M. Prolhac prêta serment, ce que le secrétaire relata en la forme suivante :

« Prolhac, curé, a juré de veiller avec
« soin sur les fidèles dont la conduite lui
« a été confiée, et dont il doit rendre
« compte âme pour âme au Souverain
« juge notre premier et divin pasteur,
« de renouveler la promesse qu'il a sou-
« vent faite d'être fidelle à la Nation, à
« la loy et au Roy et de faire tout ce qui
« dépendra de son ministère pour inspi-
« rer la même fidélité, la même soumis-
« sion et promet d'obéir en tout ce qui
« est de l'ordre politique à la constitu-
« tion décrettée par l'Assemblée Natio-
« nale et acceptée par le Roy, exceptant
« formellement tout ce qui pourrait être
« opposé aux décisions et dogme de la
« Sainte Eglise catholique, apostolique
« et romaine hors de laquelle il n'y a
« point de salut et dans laquelle il désire
« et espère vivre et mourir, bien dis-
« posé avec la grâce de Dieu de tout souf·

____

(3) Archiv. de la municip. de Saug. D. I.

« frir plutôt que de se démentir, et a
« signé Prolhac, curé (1). »

Le même serment fut également prêté
par les deux vicaires et par Bessière,
curé de Servières.

Ce serment ainsi formulé était-il dé-
lictueux ? Assurément non. Les restrictions qu'il contenait impliquaient une
profession de foi absolument orthodoxe
et montraient bien que ces prêtres n'é-
taient ni ne voulaient être schismatiques
et qu'ils adhéraient sans réserve au
Saint Siège et à l'Eglise apostolique et
romaine. D'autre part, ils ne conservèrent
pas la direction de leur paroisse sous le
régime et en vertu de la constitution civile précitée. La formule qu'ils avaient
signée ne fut point acceptée par le district qui exigeait le serment pur et simple (2). Le curé et ses vicaires furent
donc déclarés réfractaires, déchus de
leurs fonctions officielles, et remplacés
quelques mois après par un prêtre jureur.

Dans les paroisses du canton, les pasteurs avaient refusé avec énergie le serment demandé. A Cubelles, l'abbé Teyssier ; à Saint-Préjet, l'abbé Gibert et
l'abbé Crouzet ; à Monistrol, l'abbé Dupré ;
à Thoras, l'abbé Blanquet ; à Esplantas, à
Chanaleilles, Croisances, Vazeilles, Venteuges et Saint-Vénérand, curés et vicai-

(1) *Ibidem.* Toutes les citations et les documents qui
suivent, sauf ceux qui auront une désignation contraire,
proviennent de la même source, c'est-à-dire des registres des délibérations de la municipalité de Saugues.

(2) Le texte du serment était celui-ci : « Je jure de
veiller avec soin sur les fidèles dont la direction m'est
confiée ; je jure d'être fidèle à la nation, à la loi et au
Roy. Je jure de maintenir de tout mon pouvoir la constitution française et notamment les décrets relatifs à la
constitution civile du clergé. »

Le pape Pie VII, par un bref d'avril 1791, interdit
la prestation de ce serment.

res se dérobèrent, furent destitués de leur charge et traqués comme des fauves.

Le clergé de ce canton, à l'unisson de celui de la Lozère, où sur 250 prêtres il ne se trouva que 10 jureurs (1) se comporta courageusement. Un seul prêtre, l'abbé Régis, vicaire à Grèzes, prêta serment sans restriction, et conserva ses fonctions. Mais il ne tarda pas à reconnaître l'étendue de sa faute, et la sincérité de ses remords et de son humble repentance, manifestée par la touchante rétractation écrite de sa propre main (2),

(1) Taine. *La Révolution*, I, p. 238.
Dans le district du Puy, sur 108 curés, 18 seulement prêtèrent serment. (M. Godard, *Mém. de la Soc. Agric. et Scientifique de la Haute-Loire*, 1903-1904, p. 333).

(2) « Il est enfin déchiré, le bandeau fatal, Dieu s'est souvenu de moy, il m'a enfin ouvert les yeux ; mais, hélas ! pour ne voir que des attentats contre ma religion, un schisme qui déchire l'Eglise de Jésus-Christ, des maux qui désolent la France et qui damnent une infinité d'âmes et dont les deux serments que j'ay eu le malheur de prêter sans restriction, le premier en 1791, le deuxième de liberté et d'égalité en 1792, sont les sources. Aussi je n'ay point d'excuses humaines à apporter qui ne serviroint qu'à flater l'orgueil ; je m'avoue coupable : 1° envers Dieu que j'ay outragé ; 2° envers l'Eglise que j'ay deshonoré en méprisant ses sensures, en exerçant le ministère contre la défense de mes supérieurs, en remettant mes lettres d'ordre ; 3° envers le public que j'ay scandalisé ; 4° envers mes parents et amis que j'ay atristé ; 5° envers moi-même qui me suis égaré. A ces considérations je suis saisy de honte, la douleur m'accable, mon horreur pour ces odieux serments que je prêtai témérairement est à son comble ; je rétracte donc à la face du Ciel et de la terre et les anéantis autant qu'il est en moy comme contraires à la religion catholique, apostolique et romaine, et réclame mes lettres de prêtrise à la municipalité de Venteuge à qui j'ay eu la faiblesse de les livrer, je désavoue aussi toute abdication faite en mon nom..... Ha, que ne puis-je, par cette rétractation solennelle, réparer tous les maux faits à la religion et au genre humain ; mais je sens que je n'ai pas assez d'une vie pour pleurer mes péchés et je serois au désespoir si je ne sçavois en Dieu une miséricorde infinie, si je ne reconnaissois en son église une charité, une

lui fait pardonner tout ensemble et sa faute, et le fâcheux exemple qu'il put donner.

tendresse, une bonté sans bornes et par excellence ; si j'ay le bonheur de me réconcilier avec elle comme j'en ay la confiance, si elle daigne encore me compter au nombre de ses enfants, ô bonté infinie, je suis disposé à souffrir mille morts plutôt que de jamais plus m'en séparer, je promets d'édifier à l'avenir autant que j'ay scandalisé par le passé ; oui, Dieu aidant, mon nom sera toute la vie chrétien, et mon surnom catholique : « *Christianus mihi nomen, catholicus cognomen.* »

« Régis, prêtre si-devant vicaire de Grèzes. »

Un document, trouvé pendant l'impression de ces pages, semble constater la présence, à Grèzes, d'un curé constitutionnel.

CHAPITRE IV

Essais d'agitation populaire ; Menus faits ;
La municipalité de Saugues tenue en
suspicion ; Arrestation de M. d'Apchier,
intervention en sa faveur par les
municipalités de Saugues et de Cubelles ; Vente des biens confisqués.

Les événements précipités qui se déroulaient dans toute la France, et les séances mouvementées qui se succédaient au sein de la Constituante, à cause de l'éloignement et de la difficulté des communications, n'avaient à Saugues qu'un vague écho singulièrement affaibli. Toutefois il était difficile de ne pas reconnaître à certains indices non équivoques les premiers ferments de l'esprit nouveau qui s'insinuait dans les masses et se décelait surtout aux journées d'élections.

Ces élections, surtout celles de la municipalité, furent fréquemment renouvelées à cette époque, c'était là une belle occasion pour certaines individualités peu recommandables de montrer leur turbulence et de jeter dans le peuple le trouble et le désarroi :

« 17 novembre 1790. A Messieurs les administrateurs du département et district de la Haute-Loire. »

. . . .

« Un très-grand nombre de citoyens honnêtes de la ville de Saugues s'étant rendus dimanche dernier au lieu accoutumé pour satisfaire au décret sur la Rénovation de la municipalité, on a vu comme dans les précédentes nominations qu'un honnête citoyen ne pouvait faire aucune représentation sur même les causes de la plus grande importance, et que de propos délibéré un certain Augustin Molinier, non éligible, s'est présenté, a dit et appelé à haute voix que tous les Messieurs étaient des « foutus gens », de la canaille ; un brouhaha dura assez longtemps pendant lequel on n'entendait que menaces, les portes furent fermées ; tout honnête homme craignait et voyait le moment où l'on allait fondre sur lui ; un seul particulier demanda que ce quidam fût puni : point de réponse. La séance finit par ce même trouble (1). »

Ce même esprit d'insubordination avait pénétré dans les campagnes et rendait fort difficile la perception de certaines redevances comme les impôts indirects.

Les ruraux s'étaient imaginés que depuis l'abandon des privilèges, dans la nuit du 4 août, les impositions autres que les côtes foncières et personnelles avaient été dûment abolies, et par suite se montraient particulièrement récalcitrants lorsque les employés de la ferme venaient les sommer de payer l'équivalent. On sait que « l'équivalent » était un impôt indirect sur les boissons désigné sous ce nom en Languedoc seulement. Dans la majeure partie de la France, cette contribution s'appelait « les aides ». Elle était recouvrée pour le compte de la province.

« Le 18 juillet 1790, André Charrière, huissier royal au Puy, à la requête de J.-F. Enjelvin, sous fermier de l'équivalent de Saugues et du Malzieu, habitant à Saugues, dénonce à Mᵉ François-Henry Corbie, sous-fermier, des droits d'équivalent des pays de Velay, Gévaudan et

____

(1) Doc. communiq. par feue Mlle Hébrard.

Vivarais, habitant de la ville du Puy, parlant au sieur Marcon son receveur, que mal à propos, il a fait faire aud sieur exposant commandement de payer la somme de cinq mille cinq cens livres pour prix de la sous-ferme des quartiers de janvier et avril derniers, tandis qu'il ne peut ignorer ni disconvenir que depuis les insurrections arrivées dans le Gévaudan, comme partout ailleurs, ledit sieur requérant n'a pu faire presque aucun recouvrement de la régie de la ferme à lui sous affermée, soit parce que les produits se sont presque anéantis, soit parce qu'il ne leur est pas possible de forcer en recette les redevables intéressés surtout à cause de l'insubordination qui règne à Saugues et au Malzieu (1). »

Ce ferment d'insubordination avait pénétré jusque dans la garde nationale, où la moindre occasion était un prétexte à s'affranchir des corvées journalières imposées à ceux qui en faisaient partie. Le 30 avril 1791 était un jour de foire, et chacun, occupé de ses intérêts et des bénéfices probables que devait amener ce marché, ne se soucia guère d'aller perdre son temps à parader sous l'uniforme. Aussi l'état-major se refusat-il énergiquement à aller monter la garde ce jour-là, en alléguant le défaut d'armes.

Cette garde nationale, créée semblablement dans les communes voisines, n'avait de la chose que le nom. L'uniforme était fort incomplet, les armes manquaient, sauf quelques méchants fusils possédés par les particuliers, et d'autre part l'instruction régulière n'était ni ne

(1) Archiv. de M. le Comte de Causans. Communic. de M. l'abbé Mercier.

pouvait être tout d'abord suffisamment donnée à ces milices improvisées.

Une autre innovation fort à la mode en ces jours-là était le sectionnement des communes dont on ne saisit pas très nettement la portée ni l'utilité. C'est ainsi que la commune de Saugues fut divisée en huit sections :

Celle de Saugues,   de Verdiange,
    de Seuge,   de Domezon,
    de Lesperin,   de Beauregard
    de Pouzas.   de la Roche.

Quelles étaient les limites précises de ces subdivisions ?

Quel en était le but ? L'explique qui pourra.

L'heure n'était pas encore venue, en ce pays de Saugues, pour les incidents mouvementés, aussi ne peut-on signaler dans le cours de cette période que de menus faits de moindre importance et de médiocre intérêt.

Le 20 avril 1790, on prend à ferme, chez la veuve Espeisse une chambre pour servir d'hôtel à la municipalité qui ne possède aucun local pour cet usage.

Le portail de Badefont, sur la place Antique, est démoli et les pierres vendues au prix de 50 livres 10 sous à François Atger (21 avril). Le portail des Roches ne sera démoli que plus tard (15 août 1793), sous prétexte qu'il mettait obstacle au passage des chars à foin, et celui du Mas, le plus curieux à voir le suivra de près. On ne peut s'empêcher de regretter ces dévastations inutiles qui enlevaient à cette petite ville le cachet d'originalité par quoi elle se consolait de son peu d'importance et de son exiguité.

La municipalite obtient des pouvoirs publics 480 livres pour le pont de Rassat (15 août 1790), et quelques jours après elle est avisée de l'envoi de 3.600 livres, don fait à l'hospice, et de 2.400 livres qui devront être distribuées aux incendiés les plus nécessiteux, par le maire et les officiers municipaux : ces dons provenaient de la cassette particulière du Roi. On se rappelle que l'incendie du 5 septembre 1788 avait dévoré 104 maisons et jeté dans la plus noire misère une partie de la population.

Le Conseil projette d'établir un atelier de charité, en vue de soulager la misère du peuple (mars 1791).

La Municipalité, il en allait ainsi dans tous les cantons de la République, va prendre désormais le titre pompeux de Conseil général. Mais ce titre ne la rehaussera point dans l'esprit du Directoire du Puy qui la tenait en petite estime et ne se privait pas de le lui faire entendre. Elle était mal vue, d'abord à cause de sa composition ; les aristocrates y coudoyaient les ci-devant chanoines, ensuite à raison de ses opinions qui n'étaient point à la hauteur des circonstances, enfin à cause de sa faiblesse et de ses agissements que l'on ne trouvait pas marqués au coin du civisme requis.

Aussi, le 4 juillet 1791, reçut-elle du district une lettre virulente où on lui reprochait : 1° d'avoir toléré certains jeunes gens qui arboraient la cocarde blanche et tenaient impunément des assemblées ; 2° de supporter que des vicaires fissent des discours incendiaires ; 3° de garder dans ses murs trois prêtres étrangers venus de Saint-Flour.

On lui faisait encore un crime de ne point surveiller assez étroitement le ci-devant d'Apchier, résidant à Besque près de Charaix, la municipalité de Langeac le soupçonnant d'avoir chez lui des person-

nes suspectes et des armes. Le Conseil
s'émut de ces inculpations et décida
d'envoyer un exprès au Puy pour se justifier, pour garantir son civisme et affirmer enfin qu'une perquisition avait été
faite chez le ci devant d'Apchier que l'on
soupçonnait à tort d'acheter des armes
et de tenir des réunions dangereuses.

La suspicion du district, à l'endroit
de la municipalité de Saugues semblait
quelque peu motivée. Nonobstant les
fréquentes élections de cette époque, le
Conseil était encore composé de l'élite
des citoyens de la ville. Les meilleurs
d'entre eux se succédaient à tour de rôle
à la mairie : de Vergèses, Vernet la-Mu-
dat, etc., etc., et les autres membres les de
Lobérie, celui-ci nommé commandant de
la garde nationale, de la Bretoigne de la
Valette, Amargier, Lafont du Meynial,
Guilhe de Fraissinet, Lyon, Bonhomme,
Bouquet, etc, appartenaient aux meil
leures familles. Deux prêtres même, on
l'a déjà vu, deux ci-devant chanoines,
Bouquet et Bonhomme, en faisaient également partie, ce dernier promu aux
fonctions importantes de procureur de
la commune. Certes, il fallait un certain
courage pour garder avec soi deux prêtres, alors que partout ailleurs était mis
au ban de la nation le clergé non asser-
menté. Les ci-devant chanoines se trouvaient dans ce cas, le serment ne leur
ayant point été demandé pour ce motif
qu'ils n'avaient point de charge pasto-
rale.

En face du péril imminent, à la vue du
flot révolutionnaire qui menaçait d'envahir ce coin de terre, tous ceux qui
composaient la classe dirigeante, anciens
officiers de justice, avocats et notables,
oubliant leurs querelles et leurs animosités d'autrefois, s'étaient unis pour la

défense commune. Ils avaient pris la tête du mouvement qu'ils essayaient de diriger dans l'intérêt du pays, afin d'atténuer dans la mesure du possible, le mal qu'il était difficile d'éviter entièrement. Par la force d'inertie et par des mesures dilatoires habilement et souvent employées, ils allaient rendre parfois illusoires certains décrets tyranniques venus du district et garder la population d'entraînements regrettables, comme l'on en constatait en d'autres lieux.

Tandis que le Conseil de Saugues lui faisait savoir que des perquisitions avaient été faites chez M. d'Apchier, le Directoire, plus pressé, avait envoyé déjà des émissaires pour opérer l'arrestation du ci-devant seigneur. Cet événement provoqua une douloureuse surprise dans les communes de Saugues et de Cubelles.

Cette famille, malgré l'étendue de ses possessions, au lieu de s'attirer, comme cela se voyait en d'autres lieux, l'envie et la haine des populations, s'était, au contraire, concilié l'affection et l'estime de ses concitoyens. A l'époque où la vénerie royale abandonnait, dans ce coin de terre, les chasses commencées contre la terrible bête du Gévaudan, le seigneur d'Apchier s'était mis à la tête des chasseurs indigènes, et après deux années de battues et de poursuites, avait fini par délivrer la contrée de ce redoutable fléau. Les années écoulées depuis n'avaient point diminué la reconnaissance populaire à son endroit. Aussi dès que la municipalité de Saugues eut appris que les gardes nationaux envoyés du Puy sous la conduite d'un délégué avaient fait irruption vers les trois heures du matin dans le château de Besque et avaient emmené prisonniers au Puy le marquis d'Apchier et ses enfants, elle se réunit et tint la délibération suivante :

« Ce jourd'huy, 11 juillet 1791.... Le maire a exposé qu'ayant été informé de l'arrestation de M. d'Apchier et de sa famille et de la sensation qu'elle a faite sur toutes les âmes honnêtes et sensibles, et que la municipalité devant être intimement convaincue de leur bonne conduite et saine façon de penser, surtout après les perquisitions par elle faites à la maison de Chambelève.... il semble naturel que la municipalité s'intéresse à la triste situation d'un voisin vraiment patriote et sans reproche et que nous avons toujours reconnu porté pour la chose publique et que nous demandions son élargissement et celui de sa famille. Sur quoy, l'objet mis en délibération, la municipalité persuadée de l'innocence de M. d'Apchier, et convaincue de l'intégrité de ses juges, arrette, pour mettre fin aux disgrâces de M. d'Apchier, de charger M. Bonhomme, procureur de la Commune en députation en la ville du Puy, de se présenter au tribunal du district et de supplier MM. les administrateurs et juges de vouloir prendre en considération les témoignages justificatifs que la municipalité de cette ville (1), rend avec sincé-

----

(1) La municipalité de Cubelles — le château de Besque est à proximité de cette paroisse — avait fait spontanément la même démarche :

« Ce jourd'huy, onzième juillet 1791, la municipalité de Cubelles assemblée en la manière ordinaire, M. le Maire a dit, qu'instruit de l'enlèvement de M. Dapcher et de sa famille, et de la tristesse qu'un pareil événement aussi inattendu a causé dans toutes les familles de la municipalité, et qu'on ne doubtant pas qu'il existe un seul sitoyen dans la commune qu'il n'ait à se louer des bienfaits de M. Dapcher, et qu'il ne soit prêt à certifier la pureté de ses sentiments patriotiques, il est essentiel,

rité de la personne et de la famille de M. d'Apchier, et daigner en conséquence accorder leur élargissement, avec offres que fait la municipalité de les représenter toutes les fois qu'elle en sera requise. »

Cette démarche ne fut pas faite en vain ; bien que les registres n'en fassent pas mention, nous savons par ailleurs, qu'il fut au district tenu compte de cette intervention et que le marquis Jean-Joseph d'Apchier fut rendu à la liberté ainsi que ses enfants (1).

dans de pareilles circonstances, de luy donner en rendant hommage à la vérité des preuves sensibles de notre reconnaissance.

« Sur quoy, ouï le procureur de la Commune en ses observations, la municipalité certaine de la bonne condhuite de M. Dapcher et de celle de toute sa famille, a unanimement délibéré et arrêté de députer au comité permanent de la ville du Puy, la personne de Joseph Médard pour, sur l'expédition de la présente délibération, supplier MM. les administrateurs du Comité de vouloir accorder l'élargissement de M Dapcher et de sa famille, aux offres que fait la municipalité tant collectivement qu'individuellement de le représenter dans tous les cas requis, dans le cas où son élargissement définitif lui seroit refusé contre l'espoir de la municipalité. Signé : Barthélemy, maire, Brun, procureur de la Commune, Médard, greffier. » (Registres de Cubelles).

(1) Jean-Joseph, marquis d'Apchier, comte de Besques, baron de Thoras, la Garde, Saint-Chély, seigneur de Saint-Exupéry, Saint-Préjet, Charaix, etc., était né le 3 juin 1748. Il devint colonel des gendarmes de Lunéville, maréchal de camp, député de la noblesse aux Etats Généraux de 1789. On sait que ses possessions lui donnaient le droit d'être baron de tour aux Etats de Gévaudan et de Languedoc. Après sa courte captivité, il émigra en Espagne et mourut à Barcelone, le 2 novembre 1798. Il avait épousé (à Langeac, M° Marin, not. roy.), le 3 septembre 1767, Henriette de Rochefort d'Ally de la Tour-Saint-Vidal, dame de la baronnie du Thioland et de Vergezac, héritière de sa maison. Il eut de ce mariage trois enfants, Charles, Irène, Auguste. On verra plus loin ce que devinrent ces enfants.

Jean-Joseph était fils de Joseph Randon comte d'Apchier, baron de Thoras, la Garde, Saint-Chély et Prades, seigneur de la Clauze, la Pauze, etc. et de Antoinette de la Rochefoucauld, sœur du cardinal de la Rochefoucauld, archevêque de Rouen, mort en émigration.

Le Conseil n'avait pas eu de succès dans la demande faite au district de supprimer le traitement des instituteurs. Après la monition reçue à ce sujet, il décide qu'il y aura deux maîtres d'école, l'un pour le latin et l'autre pour la lecture et l'écriture aux gages de 200 livres pour les deux. Quelque temps après, la nomination de ces deux maîtres se fit au scrutin individuel, et les élus furent Antoine Rouquet pour le latin, et Médard Molinier pour le français. Les élus étaient seuls candidats. Leur traitement semble plus que modeste, mais il convient d'ajouter que l'enseignement n'était point entièrement gratuit, et quelques redevances apportées par les élèves compensaient l'exiguité de la solde octroyée par le Conseil (18 sept. 1791).

Qu'étaient devenus, depuis leur confiscation, les biens des communautés religieuses, des églises paroissiales et les possessions des chanoines de Saint-Médard ? L'Etat qui se les était injustement appropriés (1) semblait pressé de les

(1) « Si l'Etat expulse les Communautés religieuses, ce n'est pas lui qui peut revendiquer leur dépouille. Il n'est pas leur héritier, et leurs immeubles, leur mobilier, leurs rentes, ont par nature, sinon un propriétaire désigné, du moims un emploi obligé ».

« Accumulé depuis quatorze siècles, ce trésor n'a été formé qu'en vue d'un objet... ...Les millions d'âmes qui l'ont donné avaient toutes une intention précise... C'est une œuvre d'éducation, de bienfaisance, de religion et non une autre œuvre qu'elles voulaient faire. Il n'est pas permis de frustrer leur volonté légitime. Les morts ont des droits dans la société comme les vivants, nous ne recevons leur héritage qu'à condition d'exécuter leur testament..... Autrefois, quand la commission ecclésiastique supprimait un ordre, ce n'était pas pour adjuger ses biens au trésor public, mais pour les appliquer à des séminaires, à des écoles, à des hospices. Le gouvernement d'autrefois, même absolu et besoigneux, gardait assez de probité pour comprendre que la confiscation est un vol... Exécuteur testamentaire

mettre en vente pour remplir ses coffres épuisés.

Nous avons dit « injustement appropriés ». Comment, en effet, caractériser autrement cette odieuse spoliation ? Ces biens étaient la propriété réelle et légitime de ceux qui les détenaient, et la nation, en les mettant à sa disposition, exerçait non un droit, mais une confiscation arbitraire et portait la première atteinte au droit de propriété. Excuser cet acte, autrefois ou aujourd'hui, c'est justifier les théories du collectivisme moderne.

Le 19 juillet 1791, des placards furent posés pour la mise en vente des biens nationaux sis dans la commune de Saugues. Les enchères devaient avoir lieu par-devant le Tribunal du Puy. Les adjudicataires étaient tenus de verser, dans la quinzaine, douze pour cent pour les prés et champs, vingt pour cent pour les maisons ; le reste en douze annuités égales, avec faculté de libération anticipée. « Les payements devaient être faits en argent, en assignats ou en effets déclarés admissibles par la loi. »

Cette perspective alluma les convoitises. Il se forma un syndicat de dix personnages de la ville, qui, par un acte sous-seing privé, s'engagèrent à se partager équitablement entr'eux les propriétés qu'ils allaient acheter à bas prix, la convention ainsi faite devant dimi-

de la succession, l'Etat abuse étrangement de son mandat lorsqu'il la met dans sa poche, pour combler le déficit de ses propres caisses, pour l'engloutir dans sa propre banqueroute, jusqu'à ce qu'enfin de ce trésor énorme amassé pendant quarante générations, pour les enfants, pour les infirmes, pour les malades, pour les pauvres, pour les fidèles, il ne reste plus de quoi payer une maîtresse dans une école, un desservant dans une paroisse, une tasse de bouillon dans un hôpital. » TAINE, *Ibid.*, p. 220.

nuer la concurrence, et maintenir les enchères au rabais.

Le jour venu, c'est-à-dire, « l'an 1791, et le second du mois d'aoust, heure de neuf du matin, dans la salle ordinaire des séances de l'administration, MM. Hilaire, vice-président, Morangiés et Sanhiard, administrateurs, membres du Directoire du district du Puy, commissaires en cette partie, assemblés à l'effet de poursuivre la vente des biens nationaux..., assistés de J.-Louis Gaubert, secrétaire..., » après lecture des affiches déjà posées et conditions et charges desdites ventes, « il a été annoncé qu'on allait procéder aux enchères (1). »

Les opérations s'effectuèrent ainsi qu'il suit :

Les prisons, les greniers, l'Hôtel-de-Ville à peu près entièrement dévorés par l'incendie, furent adjugés à 260 livres, en faveur de la municipalité, après un troisième feu.

Le pré du Seigneur, dit le Breuil, fut adjugé au prix de 6.200 livres, en faveur de la municipalité, après un second feu.

Le domaine des chanoines de Saint-Médard, appelé la Gardette, composé de maison, grange, écurie, cour, jardin, prés, pâtural et champs, fut attribué au dernier enchérisseur qui au cinquième feu avait offert 13.600 livres.

A un cinquième feu, le pré dit « le Théron de Bouzolles », appartenant aux ci-devant chanoines, fut adjugé à 1.500 livres.

Le four banal adjugé pour le prix de 155 livres à la municipalité,

Deux champs, un pâtural et deux buges, sis à Roziers, communes de Sau-

(1) Extrait des registres du district du Puy.

gues, appartenant aux ci-devant chanoines, adjugés à 240 livres.

Un pâtural et buge, sis à Saugues, aux
ci-devant dames Religieuses, adjugés à
1.500 livres.

Un pré joui ci-devant par lesd. religieuses, adjugé à 8.600 livres.

Un autre pré, pâtural et côtes, joui ci-
devant par les mêmes dames, adjugé à
2.100 livres.

Une maison, grange et basse-cour, sis
aux Roches, de la même provenance, à
850 livres.

Un domaine situé au terroir de Saugues, faubourg des Roches, toujours de
la même provenance, adjugé à 23.200 livres.

Un pré situé au terroir de Vacheleries
dépendant de la chapelle de Saint-Pierre
dite du Rosaire, à 680 livres.

Un domaine aux Salles, provenant des
Religieuses, à 19.300 livres.

Une masure de la ci-devant chapelle
Saint-Antoine, située dans le centre de
la ville près le vieux cimetière, au prix
de 105 livres et retrocédée ensuite à la
municipalité.

Le pré dépendant de la chapelle Notre-
Dame des Plantats, sis aux Plantats, appelé Prat de Madame, et le pré appelé le
Glout, de la même dépendance et sur le
même terroir, à 735 livres. Il est stipulé
dans l'adjudication que la seconde herbe
appartiendra à l'acquéreur.

« Au registre ont signé Hilaire, vice-
président ; Molette Morangiés ; Sanhiard,
administrateurs ; Marthory, procureur-
syndic ; Gaubert. secrétaire. — Enregis-
tré au Puy, le 13 octobre 1791 par le
sieur Péridier qui a reçu onze livres
cinq sols (1) ».

____

(1) Extrait du registre des ventes du district du Puy.

Les acquéreurs firent une affaire fructueuse, surtout s'ils purent, comme la
faculté leur en était donnée, se libérer
en assignats, ceux-ci, en 93, ayant déjà
perdu jusqu'à 67 0/0 de leur valeur.

Les dix syndiqués furent tous présents aux enchères, et presque tous
firent des offres qui ne furent point dé-
passées, de sorte que l'adjudication fut
faite en leur faveur, à l'exception des
biens du Seigneur du lieu, acquis par la
municipalité, au nom de la ville.

Aucun autre Sauguin n'avait osé se
présenter à cette vente : on ne voit, en
effet, aucun autre nom figurer aux enchères, si ce n'est une seule fois, celui
d'un habitant du Puy.

Deux des syndiqués, une fois l'affaire
terminée, ne voulurent point entrer en
possession de la part qui leur revenait,
et se désistèrent par un acte également
sous-seing privé, en faveur des autres
sociétaires.

On comprendra que nous ne citions
pas ici le nom des acquéreurs. Le souvenir de toutes ces choses n'est point
encore assez effacé. On nous accuserait
de servir de vieilles rancunes et de toucher à l'honneur des familles, bien que
le plus grand nombre d'entr'elles ait
disparu du pays.

Toutefois, qu'on le sache bien, ces acquisitions n'ont porté bonheur à aucun
d'eux.

CHAPITRE V

Arrivée du curé constitutionnel ; discours du maire a son sujet ; Incidents
de sa réception ; Ses démêlés avec la
population. — Mesures sévères prises
contre la ville ; Lettres d'Olagnier
aux habitants de Saugues et au juge
de paix Vergèses ; Vergèses cité devant
les tribunaux ; son jugement ; sa
mort.

La surveillance exercée par le district
devenait de jour en jour plus étroite et
plus sévère, aussi divers membres de la
municipalité de Saugues crurent-ils op-
portun de donner leur démission. Ignace
de Labretoigne de Lavalette, docteur-
médecin, Hyacinthe Bouquet, prêtre,
J.-B. Guilhe de Freycenet déclarent se
retirer du Conseil. Vital Richard, ci-
devant chanoine, donne aussi sa démission de notable (décembre 1791).

Sur ces entrefaites, le clergé paroissial ayant été relevé de ses fonctions à
cause de l'insuffisance de son serment,
un prêtre jureur fut envoyé par le district pour desservir la paroisse en qualité de curé constitutionnel.

« Ce jourd'huy, 4 décembre 1791, nous,
Louis Dumont, nommé à la cure de Saugues, nous sommes transporté chez M.
le Maire et lui avous exhibé notre procès-verbal de nomination, et l'arrêté par
lequel la municipalité est engagée à procéder à notre installation. Sur quoy M.
le Maire a fait convoquer une assemblée
à la maison commune par le valet de
ville, et que ledit valet de ville, revenu
à nous, nous a déclaré que les municipaux ne pouvaient se rendre, étant les

uns indisposés, les autres absents, quoy,
voyant nous Dumont avons plus fort requis M. le Maire et le greffier de la municipalité de vouloir se transporter
dans l'église paroissiale pour y voir prêter mon serment et en dresser procès-
verbal et ay signé Dumont. »

L'accueil ainsi fait était bien de nature
à refroidir le zèle du curé constitutionnel.

Le 12 décembre, c'est-à-dire huit jours
après, les conseillers et les notables se
réunirent solennellement en leur local
ordinaire au nombre de plus de 80, et
en ouvrant la séance, M. le Maire,
J.-Louis Vergèses, prononça le discours
suivant :

« Vous savez tous, Messieurs (1), que
nous n'eûmes pas plus tôt appris que
l'assemblée électorale nous avait donné
le sieur Dumont pour curé constitutionnel que nous apprîmes de toutes parts
que c'était un homme couvert de honte
et méprisable en tous les sens, dès lors,
nous fûmes accablés de douleur de le
recevoir parmi nous. Cependant la charité nous suggérait encore quelques
doutes sur tant d'horreurs répandues
sur son compte, mais, hélas ; ce Dumont
vient de nous donner des preuves non
équivoques qu'il ne sait respecter ni le
devoir ni la Loy.

...« Nous devons nous dispenser de
chercher à découvrir par quelle fatalité
les MM. Potel et Bon se sont laissé em-
poisonner du venin dangereux de ce
Dumont signalé par sa mauvaise conduite...

...« Au surplus, Dumont devait-il
s'attendre à des préventions de la part

(1) A Saugues, la locution de citoyen n'avait pas été
encore adoptée.

d'une ville qui avait la douleur de voir remplacer par un homme perdu de réputation le plus pacifique, le plus charitable et le plus vertueux des pasteurs...

...« Nous sommes tous fermement attachés et sans réserve à la religion de nos pères et à la communion avec le Saint-Siège, nous n'admettons les intrus sous aucun rapport. Nous désirons conserver notre légitime pasteur à nos frais.. et vous devez prier pour qu'on nous accorde, abstraction faite de l'église paroissiale, les petites églises de la ville pour y exercer librement notre religion... Nous sommes tous décidés à ne jamais suivre le curé constitutionnel dans aucune de ses fonctions curiales... et il serait équitable de le priver, à la décharge du département, du traitement qu'il ne saurait mériter. Signé de Vergèses, maire. »

Et à la suite se lisent environ 80 signatures des notables de la commune.

Cet acte était courageux, étant donné le danger auquel exposait à cette époque une semblable profession de foi. Aussi, Vergèses, à son heure, payera-t-il de sa tête le discours énergique que l'on vient de lire. Etait-ce donc là cet homme si méchant qu'un mémoire déjà cité dépeignait en termes si noirs ? Et de nos jours, si de semblables circonstances se présentaient, trouverait-on 80 notables assez osés pour afficher aux mêmes risques leur courage et leur foi ?

Le curé constitutionnel, déjà mal vu du Conseil, ne trouva pas meilleur accueil auprès du reste de la population. Les registres relatent les tracasseries, un peu mesquines peut-être, qu'il eut à subir dès son arrivée.

Dans l'Eglise paroissiale, pour sa réception, on avait placé bien en évidence un drap de mort, et semé un peu partout des têtes de mort en étoffe ou en papier.

A l'extérieur, on avait dressé des potences à sa destination, Les boulangers refusèrent du pain à l'aubergiste qui le logeait. Cet aubergiste, dénommé Crouzet, faillit même être victime d'un incendie; on le menaçait de mettre le feu à son auberge, s'il ne renvoyait son client.

Le registre ajoute : « Si le sieur Dumont n'était naturellement méchant et brouillon, eut-il fait attention à de pareilles inconséquences ? »

L'animosité entre l'intrus et la population avec le temps ne fit que s'attiser davantage.

Dumont se posa en délateur, et par des missives fréquentes, informa le district des faits et gestes du Conseil de Saugues (1).

(1) La servante du curé constitutionnel faisait aussi parler d'elle. — Le 23 avril 1793, comparaît en personne par devant J.-B. Martin, juge de paix de cette ville de Saugues, assisté de Louis-Joseph Labretoigne, secrétaire-greffier, et de deux gendarmes, la citoyenne Claudine Rolain, « originaire de Craponne, demeurant « pour servante chez le citoyen curé constitutionnel, « âgée d'environ quarante-six ans, accusée, d'avoir dit pu- « bliquement que le citoyen Olivier, administrateur du « département de la Haute-Loire, le jour de son arrivée « en cette ville, asoupé chez le citoyen Boulangier, en « cette même ville, avec le cy-devant prieur de Pébrac, « où il a demeuré caché depuis longtemps, qui le pro- « tège de manière à être suspect et mériter une dé- « nonce... »

Après interrogatoire, et malgré ses dénégations, le juge prononça l'arrêt suivant : « Nous, juge de paix, « ayant égard aux conclusions prises par le citoyen pro- « cureur, avons condamné lad. Rolain à demeurer pen- « dant 2 jours à la Chambre de correction de cette ville, « en présence de la municipalité de déclarer que faus- « sement et méchamment elle a tenu les propos dont « s'agit sur le citoyen Olivier, et tenue de lui faire des ex- « cuses, lui faisant déffances de récidiver... »

(Archives du greffe de la justice de paix.)

Il n'est sorte de tracasseries réciproques que l'on ne mit en jeu pour se rendre mutuellement la vie pénible. Le
5 juin 1793, le sieur Duclaux, gendre de
Sardret, étant mort, le sieur Dumont,
pour ne l'avoir point assisté des derniers
sacrements, ne voulut pas faire les cérémonies religieuses ordinaires qui précédent la sépulture, et partit en voyage,
bien qu'il eut été avisé en temps oppor-
tun. Sardret vint alors informer le Conseil. Celui-ci décida que l'un des prêtres
de la ville, ferait l'enterrement, ainsi que
celui du sieur Coste, décédé le même
jour.

D'autre part, les moribonds n'appe-
laient à leur chevet que les seuls prêtres non assermentés, qui clandestinement venaient dans les demeures où ils
faisaient aussi les baptèmes à l'insu de
l'intrus. Celui-ci, à titre de vengeance,
refusait absolument de conduire en
terre les enfants qu'il n'avait point bap-
sés lui-même.

Y eut-il, dans les paroisses du canton,
d'autre prêtre constitutionnel? En dehors de l'abbé Régis qui occupa quelques mois la cure de Grèzes, il semble
qu'aucune autre paroisse ne vit à sa
tête un prêtre jureur envoyé par le district. Un prêtre dn nom d'Embert, avait
été désigné pour Cubelles, mais il ne
paraît pas, d'après les registres, qu'il ait
jamais mis le pied dans cette localité.

Les anciens pasteurs, réfractaires en-
durcis, desservaient parfaitement leurs
paroisses respectives, cachés et susten-
tés qu'ils étaient par leurs fidèles ouail-
les. D'autre part, les habitants, catholi-
ques intransigeants, auraient fait un
piteux accueil aux curés assermentés
qui ne se souciaient pas de venir habiter
en ces pays reculés où ils auraient à

subir, avec l'hostilité et le mépris des populations, l'antagonisme victorieux de leurs prédécesseurs, C'est peut-être à ces circonstances, ainsi qu'à la pénurie de prêtres assermentés, dont le nombre était insuffisant pour le département, qu'il faut attribuer l'absence de titulaires constitutionnels dans les paroisses rurales du canton...

Les temps, à l'unisson de ce qui se passait dans toute la France, devenaient pires de jour en jour; les ordres du district arrivaient plus précis et plus menaçants.

Une brigade de gendarmerie était envoyée à Saugues et installée dans la maison vacante du citoyen Urbain Labretoigne, dont la location avait été taxée à 400 livres.

Deux commissaires nommés par le district résidèrent en permanence dans la ville, pour assurer l'exécution des lois et décrets de l'Assemblée nationale et des arrêtés du Directoire du Puy, dont l'accomplissement restait souvent en souffrance.

Des mesures coercitives furent mises en vigueur : des prescriptions individuelles, des formalités multipliées vinrent assaillir citoyens et citoyennes.

Il fut décrété que les commissaires feraient transporter « au Puy tous les effets précieux, tels que vases sacrés et autres argenteries, cloches, ouvrages en cuivre ou en fonte, ornements d'église, livres, tableaux et monuments des arts. (25 sept. 1792). » Ce décret, cette fois là, ne devait point être exécuté.

Le 31 octobre, d'après les prescriptions édictées, faisaient déclaration de domicile à Saugues les religieuses suivantes :

« Antoinette Montruffet, native du

Malzieu, religieuse de Sainte-Marie de Langeac.

« Marie-Elizabeth Imbert, native du Malzieu, religieuse de Sainte-Marie de Langeac.

« Laurence Lyon de Saugues, également religieuse de Sainte-Marie.

« Louyse Lyon de Saugues, également religieuse de Sainte-Marie.

« Thérèse Bouquet de Saugues, religieuse de Sainte-Catherine de Langeac.

« Henriette Beaulieu de Saugues, religieuse de Bellecombe. »

Les prêtres non assermentés trouvaient auprès du Conseil, une protection bénévole. Le Directoire du Puy ne pouvait manquer d'en être informé par ses espions. Aussi le citoyen Liogier écrivit-il bientôt une lettre sévère à la municipalité, qu'il accusait d'incivisme, lui reprochant en particulier son défaut de surveillance à l'égard de certains prêtres et l'inexécution des lois qui lui étaient envoyées.

Comme l'on reconnaissait bien là l'œuvre de Dumont quoique, mandé devant le Conseil, il se fût défendu d'avoir rien écrit contre lui !

Mais cette monition n'avait guère amené à résipiscence notre municipalité, si bien que le Commissaire du pouvoir exécutif du Puy, prit la plume à son tour pour fustiger ces Sauguins irréductibles.

« 3 décembre 1792. Habitants de Saugues,

« Enveloppés sous le voile épais de préjugés, l'esprit public ne fait pas de grands progrès, chez vous. Jusques à quand serez-vous menés à la laisse par quelques intrigants qui partant toujours d'une religion que leur cœur rejette, vous fascinent l'imagination au point de vous faire encourir l'animadversion de tous vos voisins.

« Croyez-vous que des patriotes trop longtemps généreux ne se lasseront pas de vos turpitudes ? Croyez-vous que nous souffrirons longtemps encore votre résistance opiniâtre à adopter un gouvernement qui vous dégage d'une horde de brigands et de vampires ?

« Hommes faibles et crédules, vous ne voyez sans doute pas qu'on vous mène au bord du précipice ? Ne pensez-vous pas que votre attachement pour la prêtraille ou pour quelques illuminés soit dans le cas d'arrêter le vol rapide de la Révolution ? Les bornes de la République étaient préparées par la nature, mais la raison dissipera bientôt les brouillards qui obscurcissent tout l'hémisphère.

« Et si le Zélandais et le Lapon, le Grenadier et le Moscovite, le Lazaroni et le Vandale ne se disent pas républicains français, ils se diront du moins libres. Il serait assez singulier qu'une poignée d'hommes qui n'ont jamais rien vu que par les yeux de la prêtraille osât porter la témérité de résister à un peuple immense.

« Revenez de vos erreurs, éloignez de vous les ingrats et les menteurs et joignez-vous à vos frères du Puy et des autres départements qui sont à cent lieues plus loin que vous en Révolution.

« Salut et fraternité. Olagnier, commissaire du pouvoir exécutif. »

On ne peut s'empêcher de sourire à la lecture de ce pathos. Cette déclamation, pompeuse et sonore autant que vide et dénuée de sens, a été la caractéristique de cette époque. On prenait facilement cela pour de l'éloquence, et d'autre part c'est au milieu de protestations philanthropiques et d'exclamations larmoyantes que l'on condamnait à mort, sans même les entendre, de pauvres innocents qui n'ont jamais su de quoi on pouvait bien les accuser.

Que pouvait bien faire le Conseil pour donner des gages de son civisme ?

Il décida qu'un second arbre de la liberté serait solennellement planté dans la ville, et le 8 décembre, une cérémonie civique et patriotique réunit autour de cet arbre nombre de citoyens et citoyennes et fit naître en leur cœur l'amour des idées nouvelles. Un premier arbre avait été déjà planté sur la place, (28 oct. 1792), avec un écriteau portant ces mots : « République française. » En haut était attaché le bonnet de la liberté, au milieu une pique et le drapeau de la République en sautoir. Ce système de décor était une des élucubrations de la Société populaire dont il sera bientôt parlé.

L'un des membres du Conseil, plus particulièrement visé par la lettre précédente, était le maire actuellement en fonctions, J.-Louis Vergèses. L'intrus ne lui pardonnait pas son discours du 12 décembre 1791, et n'avait pas perdu une si belle occasion de le dénoncer au district.

Le 21 novembre, Vergèses avait dû se faire délivrer par le conseil un certificat de civisme. Mais le poste de juge de paix étant devenu vacant, il donna sa démission de maire, et se fit nommer juge de paix.

En cette qualité, il prête serment en ces termes :

« Je jure d'être fidèle à la nation, de « maintenir la liberté, l'égalité, la sû-

« reté des personnes et des propriétés,
« de mourir, s'il le faut pour l'exécution
« de la loy et de remplir avec exacti-
« tude et impartialité les fonctions de
« l'office qui m'a été confié. »

Le commissaire Olagnier avait la plume facile et féconde : il écrivit au nouveau juge de paix une lettre mena-
çante :

« Tu fus mon ami quand je te crus
quelque moralité, je t'ai rejeté de mon
sein quand je n'ai vu en toi qu'un vil in-
trigant couvert du masque de l'hypocri-
sie. Tu as outragé la Révolution que tu
n'étais pas fait pour apprécier. Les es-
claves ne connaissent pas le prix de la
liberté! Comment pourras-tu soutenir
la balance de l'équité dans tes débiles
mains? Quels sont les hommes qui ont
pu te confier leurs intérêts? Y a-t-il de
justice parmi les hommes avilis par les
préjugés? Tu as, dis-tu, des ennemis
qui veulent te perdre, et ces ennemis
sont des patriotes! Tu mens avec impu-
dence : les patriotes ne sont ennemis de
personne... Eh bien, moi qui ne calomnie personne, moi qui suis un franc républicain, ami des lois et de la vertu, je
t'annonce que je vais me déclarer ton
dénonciateur, et que tu ne me confon-
dras pas. Je t'attends à la barre du département, et là nous verrons si tu sou-
tiendras tes impostures.

« Alphonse Olagnier, commissaire républicain. »

Il fit comme il l'avait dit, il dénonça
Vergèses au Directoire du Puy. Vergèses, le 1er avril 1793, était destitué de
sa charge de juge de paix, puis cité à la
barre du tribunal.. Mais il ne devait pas
être condamné au Puy; traîné de prison
en prison, il fut incarcéré à Paris et cité

devant le tribunal révolutionnaire de
cette ville (1).

A cette époque un accusé était un condamné; Vergèses n'échappa point à ce
sort fatal. Mais de quoi pouvait-on l'accuser? De propos en l'air que de vils dé
lateurs, — cette engeance fleurissait
alors, tout aussi bien que de nos jours

(1) « Extrait des minutes du Tribunal révolutionnaire
établi à Paris, par la loi du 10 mars mil sept cent qua-
tre-vingt-treize. »

« D'un jugement informe, incomplet et en blanc, portant la date du 27 Messidor an deuxième, a été extrait
ce qui suit :

« Vu par le tribunal révolutionnaire l'acte d'accusation dressé par l'accusateur public près icelui. .

« Expose que par arrêté du Comité de la Sûreté générale de la Convention en date du premier floréal, autre
du dix-huit même mois, par arrêté des représentants du
peuple dans les départements, et autres sous diverses
dates... Jacques-Louis Vergèzes, homme de loi, ex-
maire et ex-juge de paix de la ville de Saugues, département de... âgé de quarante-deux ans, né à Saugues, département de la Haute-Loire... (et autres) ont tous été
traduits au tribunal révolutionnaire : qu'examen fait des
pièces adressées à l'accusateur public, il en résulte...
(pour ce qui concerne ledit Vergèzes) que... Vergèzes
après s'être enveloppé du manteau du patriotisme pour
se faire nommer successivement maire et juge paix de
la ville de Saugues n'a cessé d'insulter à la Représentation Nationale, en disant qu'elle n'était composée que de
brigands; lorsqu'on lui demandait de promulguer les lois,
il s'y opposait de toutes ses forces en disant : « A quoi
bon! la contre révolution est là. » Un jour en mon-
trant l'arbre de liberté qui était planté devant sa porte,
il dit devant plusieurs personnes qu'il servirait pour pen-
dre les patriotes dans Saugues; le cinq août mil sept
cent quatre-vingt-douze, se trouvant au corps de garde,
après avoir débité de fausses nouvelles il annonça à ceux
qui étaient présents que la contre-révolution était prochaine et indubitable, ajoutant qu'une douzaine de patriotes qu'il y avait dans la ville ne devait pas faire la loi,
qu'ils ne tarderaient pas à se repentir, et que f... il en
aurait soin; pour achever le tableau de cet homme vendu
aux ennemis de la liberté, il suffit de dire que lors de la
levée des scellés apposés sur ses meubles et effets, on
a trouvé dans ses papiers un libellé écrit de sa propre
main, précédé d'une épître dédicatoire à Monsieur de
Grave intitulé : « De la nécessité d'une contre révolution en France pour rétablir les finances, la religion, les
mœurs, la monarchie et la liberté » ; on a encore trouvé

— avaient dénaturés et rapportés; de méchants vers qui avaient l'intention de censurer le régime établi. Des vers ! c'était là un cas pendable, on le lui fit bien voir.

Sur de si futiles griefs, il fut impitoyablement condamné à mort et exécuté le jour même (1). Quelle pouvait bien être la mentalité de juges qui, pour de méchants propos, envoyaient sans sourciller un homme à l'échafaud ?

J.-Louis Vergèses, n'était âgé que de 42 ans (2). Saluons cette noble victime !

une pièce de vers intitulée : « Serment civique » qui paraît composée et écrite par lui ; voici ce qu'on y lit :

« Je veux être fidèle au régime ancien,
Je crois la loi nouvelle opposée à tout bien,
Messieurs les démocrates, au diable allez vous en
Tous les aristocrates ont seuls du jugement,
A la nouvelle loi je renonce dans l'âme ;
Comme article de foi, je crois celle qu'on blâme,
Dieu nous donne la paix, noblesse désolée,
Qu'il confonde à jamais messieurs de l'Assemblée. »

« Après cela on ne sera pas étonné de voir M. Vergèses donner en sa qualité de maire et signer un passeport à un nommé Sauvage, ex-noble, et le qualifier de trafiquant, quoique cet individu ne soit pas de la municipalité de Saugues... » (Extrait sur la minute d'un jugement à la date du 28 messidor an II, section judiciaire des archives du royaume, délivré à M. Vergèses, à Paris le 28 juin 1826, signé Terrasse. Document en possession de M. Albert Mallet, communiq. par M. G. Jourda de Vaux.)

(1) « Acte de décès de Jacques-Louis Vergèzes du 28 messidor an II (16 juillet 1794), juge de paix, âgé de quarante-deux ans, natif de Saugues, département de la Haute-Loire, y domicilié. »

« L'officier public Claude-Antoine Dettroit. » (Ibid.)

(2) J.-Louis Vergèses était fils de J.-Ysaïe et de dame Giraud de Nolhac. Il avait épousé le 14 août 1781, Marie Levé du Montat, qui se retira à Issoire avec ses enfants.

Ce nom de Vergèses s'écrit aussi quelquefois Vergèzes. Dans les actes antérieurs à la Révolution, il est accompagné de la particule, et s'écrit « de Vergèses ». J.-Louis se qualifiait d'écuyer, conseiller du roy, avocat en parlement. De pere en fils, les de Vergèses étaient baillis, c'est-à-dire juges, des terres de Saint-Privat et de Vabres.

Il était le rejeton d'une des meilleures familles de la ville, et ses ancêtres, établis dans la région depuis près de trois siècles, avaient su attacher à leur nom la sympathie et la considération que méritaient la dignité de leur vie et les services rendus. Il fut le dernier de ce nom qui ait habité le pays de Saugues.

Il est probable que cette famille vint s'établir dans le mandement de Saugues de 1500 à 1600. A cette dernière date, Ysaïe de Vergèses est consul de la ville de Saugues. Avant 1559, on ne trouve pas ce nom dans les actes locaux.

CHAPITRE VI

LA TERREUR, TRANSFORMATIONS ET INNOVA-
TIONS ; MESURES PRISES PAR LE DISTRICT ;
LES TIERS-ORDRES DU CARMEL ET DE SAINT-
DOMINIQUE ; MOUVEMENT CONTRE-RÉVOLU-
TIONNAIRE DANS LES COMMUNES EXTRÊMES
DU CANTON ET DANS LA LOZÈRE ; ARRÊTÉS
DU DISTRICT ET OPÉRATIONS FAITES A
CETTE OCCASION ; REDOUBLEMENT DE SUR-
VEILLANCE, ENVOI DES COMMISSAIRES OLI-
VIER ET RIOU ; ASSASSINAT DE RIOU.

L'année 1793 venait de s'ouvrir, l'année sanglante, l'ère de la Terreur. Déjà
dans Paris les massacres de septembre
et d'octobre avaient ensanglanté les maisons de détention, le roi Louis XVI avait
porté sa tête sur l'échafaud, la guillotine
installée en permanence fonctionnait
sans trève ni repos. En province, les prisons regorgeaient de suspects ; les nobles
qui n'avaient point émigré, les prêtres
réfractaires étaient traqués sans merci :
c'est alors que s'accentuait nettement
l'œuvre de désordres et de sang qui fait
la flétrissure de la Révolution.

Saugues avait pu jusqu'ici se défendre, dans une certaine mesure, contre
les influences néfastes venues de toutes
parts : il n'y fallait guère songer maintenant. Le flot révolutionnaire débor-
dant de tous côtés allait tout envahir et
pénétrer cette région bien qu'il ne dût y
faire qu'un séjour de courte durée.

Une transformation soudaine s'était
opérée dans la ville. La garde nationale
se réorganisait : ses cadres s'étaient
agrandis, ses soldats avaient été armés,
et chaque jour maintenant s'exerçaient
au maniement des armes. Les recrues

s'équipaient, quelques volontaires, oh
bien rares ! s'enrôlaient pour aller combattre au-dehors l'ennemi de la patrie et
couraient les rues au chant du départ.
Les tambours battaient aux champs, les
clairons sonnaient, et, à travers ce bruit
de fusils et de mousquets, de voix qui
commandaient, de patrouilles qui pas-
saient et de chants que l'on hurlait, cette
vieille cité jadis si calme et si paisible,
n'était plus reconnaissable : on eut dit
un campement.

D'autre part depuis quelque temps
déjà, à côté du Conseil municipal, qui,
on s'en souvient, portait le nom de Conseil général, une seconde assemblée
avait été créée que l'on dénommait :
« La Société populaire », à l'instar de
ce qui se passait au chef-lieu du district.
Elle avait été installée le 28 octobre
1792, et ses réunions devaient avoir lieu
les dimanches, mardi, jeudi et jours de
fêtes.

Ses membres, ainsi que l'indiquait
son nom, étaient choisis parmi le peuple, en grande partie, et à l'heure présente les sujets élus, brouillons et ambitieux, allaient porter les motions les
plus bizarres et les plus échevelées. La
Société populaire avait pour but d'émet-
tre des vœux que l'on portait séance tenante au Conseil général qui les exécutait ou les ajournait, suivant qu'il le
jugeait à propos. Elle tenait ses séances
d'abord dans l'une des salles du ci-devant couvent des Ursulines, puis dans la
chapelle des Pénitents. On comprend
quel appui trouva dans cette Société le
Directoire du Puy, pour avoir, sur le
canton de Saugues, une sorte de main-
mise qui lui permettrait de faire enfin
pénétrer le ferment révolutionnaire dans
cette localité si rebelle jusqu'ici.

D'ailleurs, pour aboutir plus efficacement, le Directoire allait employer les grands moyens : les commissaires en permanence, les perquisitions incessantes, l'emprisonnement des suspects, les comités de salut public et de surveillance, en un mot, le régime de la Terreur. Mais le Conseil général sera toujours là, et s'il ne peut pas les empêcher tous, il évitera du moins bien des malheurs. Le nouveau maire, le citoyen Boulangier se donnera pour républicain convaincu, et tandis qu'il fera parade de civisme et se livrera à des démonstrations révolutionnaires, il cachera, dans sa propre demeure, J. Etienne Faurier, le dernier prieur-mage de l'abbaye de Pébrac (1).

On commence à s'inquiéter des absents : le citoyen Lobérie est sommé de venir justifier l'absence de son propre fils. Il affirme que celui-ci est parti pour négocier des affaires personnelles, et qu'il doit être à Paris ou à Angoulême, mais non à l'étranger.

Un membre de la société populaire, plus avisé que les autres, fait remarquer « que la principale cause du fana- « tisme qui tient l'esprit du peuple dans « l'aveuglement, dérive des discours in- « sensés de certaines femmelettes dévo- « tes et de certains prêtres outrés. »

Un autre demande « qu'il soit pris des « mesures contre les citoyens Espeisse

---

(1) « Lors de la Terreur, J.-Etienne Faurier, prieur-mage de Pébrac, se réfugia d'abord à Saugues, chez M. Boulangier, mais craignant de compromettre son hôte, il se rendit à Paris, sous le déguisement d'un ouvrier tisserand. » (*Auvergne histor.* Sept. 1900, M. Roux, p. 45.)

Les Boulangier, de père en fils étaient depuis longtemps fermiers des revenus de l'abbaye de Pébrac, ce qui explique ces relations entr'eux et le prieur.

« et Poulhe qui ont négligé d'assister à
« la fête civique et qui ont paru sur la
« place en veste et non uniforme, et con-
« tre certains autres qui se sont montrés
« sans cocarde. » (9. Déc. 1792.)

Le Conseil général, en cette occurrence, ne semblait-il pas montrer peu
d'énergie ? Aussi est-il obligé, au début
de février 1793, pour se laver du reproche
d'incivisme, d'envoyer le citoyen Giron
au Puy, par devant le directoire. Ces envois de messager dans le but de se disculper commençaient à devenir un peu
fréquents et ne devaient plus avoir
beaucoup de succès.

Le Conseil, sur la demande qui lui
est faite (20 avril 1793) donne au directoire les renseignements suivants :
« 1º Que dans cette municipalité de Saugues, il existe deux associations de filles
dévotes, savoir, la société de Saint-Dominique et celle des Carmélites qui vi-
vaient absolument dissoutes lors du décret qui porte la suppression des congrégations religieuses et qu'on n'avait
plus vu depuis sur elles la bigarrerie
de leur costume.

« 2º Le nombre de celles connues sous
le nom de dominiquaines est d'environ
60, celui des carmélites était d'environ
80. Toutes vivent séparément chez elles.
Leur but est d'attirer les enfants des citoyens moins aisés pour leur apprendre
les travaux de leur état.

« 3º La maison où s'assemblent les dominiquaines appartient à la citoyenne
Eyraud.

« 4º La maison et oratoire des Carmélites contient un mobilier de peu de valeur.... il y a environ un mois, pour arrêter tout ce qui pourrait favoriser le
fanatisme, la municipalité s'empara des
clefs dudit oratoire....

« Que l'esprit de ces associations est enveloppé d'un genre de fanatisme trop timide pour troubler l'ordre.... aucune n'a encore prêté le serment de la liberté et de l'égalité.... la municipalité ne connaissant aucune loy qui exige le serment de la part des femmes ne leur en a point demandé. »

Comme l'on sent bien, à travers ces renseignements, l'indiscutable bienveillance du conseil à l'endroit de ces deux communautés.

Ce nouveau serment prescrit aux prêtres et aux religieux, était le serment dit *de liberté* et *d'égalité*, ainsi formulé : « Je jure d'être fidèle à la nation, de maintenir la liberté et l'égalité, ou de mourir pour leur défense. »

Trois ci-devant chanoines le prêtèrent, Bonhomme oncle, Manson et Enjelvin neveu ; mais ils le rétractèrent publiquement le 1er janvier 1793. Il ne semble pas que le cas fut grave. puisque le Saint-Siège consulté avait répondu qu'il n'y avait pas lieu d'appliquer des peines canoniques à ceux qui prêtaient ce serment.

C'est vers cette époque que fut créé le courrier de Saugues à Langeac, adjugé aux enchères au rabais. Le prix ne devait pas dépasser 100 livres. Le courrier était tenu de porter à Langeac les lettres et les dépêches trois fois par semaine, dimanche, mardi et jeudi. Il devait arriver à Saugues à 5 heures du soir au plus tard. Le payement serait fait de trois mois en trois mois. (25 fév. 1793.)

Cependant un mouvement important se produisait dans les environs de Saugues. Les nobles qui n'avaient pas eu le temps ni les moyens d'émigrer et dont la tête était mise à prix, les nombreux réfractaires qui se dérobaient au service

militaire, et ceux enfin qui demeuraient
fidèles à leur Dieu et à leur roi, pour
échapper aux poursuites, s'étaient jetés
dans les bois et les montagnes. Là, ils
s'étaient rassemblés, avaient élu des
chefs et s'étaient procuré des armes et
des munitions. Leur troupe, grossissant
de jour en jour, ils dominaient en maîtres dans la région de Thoras et de Chanaleilles, grâce à l'absolue sécurité que
leur donnaient le difficile accès et l'épaisseur des forêts de la Margeride. Ils faisaient même des incursions dans les villages à proximité de la ville, arrachaient
les placards et enlevaient aux gendarmes les réfractaires prisonniers.

Ce mouvement répondait à un soulè-
vement plus important qui agitait une
grande partie de la Lozère et inquiétait
vivement les pouvoirs publics. Les contre-révolutionnaires avaient pris Marvejols, et s'appuyant sur la ligne des Mar-
gerides, tendaient à opérer une jonction
avec ceux de l'Ardèche. Les forces vives
du Puy de-Dôme se disposaient à venir
les combattre, tandis que les administrateurs de la Haute-Loire prenaient des
mesures et des arrêtés pour enrayer le
mouvement.

Sur leurs injonctions, le 18 avril 1793,
le conseil de Saugues avait décidé que
toute la garde nationale de la commune
serait mise en réquisition permanente.
Le 29 mai, il arrête : « Que tous les gardes nationaux seront mis de plus fort
en réquisition. Ceux qui n'auront pas
de fusils devront s'armer de tout autre
instrument pour aller faire des recherches dans les forêts voisines.

« A ceux qui auront battu les forêts de
la Margeride, promettons de faire accorder la même étape qu'à ceux qui
sont partis pour aller battre les révoltés,

« Ceux qui ne se rendraient pas aux ordres des officiers qui les commandent, seront inscrits dans une liste et réputés mauvais citoyens, suspects, rebelles, traîtres à la patrie et traités en conséquence.

« Le présent sera affiché et publié solennellement ».

On commençait bien à éprouver une certaine frayeur, car la présence d'attroupements peu rassurants signalés sur l'autre versant de la montagne provoqua le lendemain 30 mai, un nouvel arrêté :

« 1º Le Conseil général a délibéré et arrêté qu'un détachement de la garde Nationale de Saugues partira dans le cours de la nuit pour se joindre à la garde Nationale des communes de Thoras et de Chanaleilles à l'effet de faire la fouille des bois et forêts qui avoisinent leurs communes.

« 2º Un second détachement partira à la même heure pour se joindre à la Garde Nationale de Venteuges et de Cubelles, pour se transporter par le bois de la Soucheyre au Bois Noir et sur les hauteurs de la Font du Fau, pour y faire des recherches et y rester en observation et découvrir ceux qui pourraient s'y être réfugiés.

« Il est enjoint aux membres des municipalités de Vazeilles et de St-Préjet, présents à cette séance, de requérir leurs différentes Gardes Nationales pour fouiller plus exactement les bois qui avoisinent leurs communes.

« Un rapport écrit devait être rédigé de ces diverses recherches et déposé sur le bureau du conseil. »

Oh ! ce canton de Saugues qui devenait comme un lourd cauchemar pour le district ! Celui-ci avait déjà, le 18 avril envoyé un commissaire, Olivier, avec deux gendarmes pour procéder à de sévères perquisitions. Mais Olivier était un peu tiède et un second commissaire, Riou, lui fut adjoint. Ce dernier établi désormais en permanence mit en jeu les mesures les plus rigoureuses que comportèrent les circonstances.

Les suspects furent sévèrement surveillés ; les visites domiciliaires se firent régulièrement ; chaque citoyen dut faire élection de domicile ; tous les ci-devant prêtres furent soigneusement recherchés. Même les religieux dûment assermentés comme Toussaint Martin, ex-capucin de Langeac, et François Bastier, ci-devant bénédictin de la Chaise-Dieu, durent se faire délivrer par le Conseil un certificat de résidence. Les prisons commencèrent à se peupler.

Le citoyen Hyacinthe Bouquet horloger, qui était accusé de propos inciviques, fut incarcéré et déféré à la police correctionnelle par Riou. Il était implacable, ce Riou. N'avait-il pas contresigné de sa propre main sur les registres du Conseil l'arrêté suivant : « Il sera fait « sur le champ et sans dellay le recen- « sement dans chaque maison de la ville « de Saugues et de toutes les munici- « palités des hommes qui doivent rési- « der dans la municipalité et en cas d'a- « bsence de quelques individus que ce « soit en dresser procès-verbal, lequel « nous sera porté dans les vingt-quatre « heures pour prendre telles mesures « qui seront convenables.

« A Saugues le 21 août 1793, l'an II « de la République. Signé Riou. »

Il fit envoyer des détachements de troupes pour aller combattre les rebelles et aider ou plutôt encadrer les Gardes Nationales des communes du canton qui ne déployaient pas une activité suffisante.

Il provoqua la nomination d'un comité de quatre membres, appelé comité de salut public :

« 21 août. — Considérant que les circonstances orageuses qui se manifestent dans notre commune et menacent les communes voisines relativement à des attroupements de rebelles qui ont déjà commis des pillages dans certaines communes de notre canton, et menacent de se porter sur notre cité, il est nécessaire d'établir un comité de salut public pour s'occuper des recherches et des mesures de sûreté publique, ce dont le conseil ne peut s'occuper à cause du logement des détachements qui nous arrivent de toutes parts.

« Ce comité sera composé de quatre membres, savoir : un de la municipalité, un de la justice de paix, un de la société populaire, et le procureur de la commune. »

Les quatre membres nommés furent : Joseph Torrent, officier municipal ; J.-B. Martin, juge de paix provisoire ; Aug. Dorson et Vernet jeune procureur de la commune.

La création de ce comité eut été, comme elle fut en d'autres villes, un danger permanent pour la sécurité des honnêtes gens, si la nomination de ses membres eut appartenu aux commissaires. Les élus, fort heureusemeut, pour la plupart du moins, étaient de sens rassis et ne firent pas preuve d'un civisme exagéré, autant qu'il est permis d'en juger par la suite des faits.

Enfin ce commissaire semblait infatigable : toutes les perquisitions dont le procès-verbal a été conservé, étaient faites sur son ordre, ou dirigées par lui.

Lui-même, à la tête des gendarmes allait arrêter les réfractaires. On le voyait
sur toutes les routes, on le rencontrait
inopinément dans toutes les communes.
Les délations les plus sournoises lui
étaient apportées ; chacun tremblait devant lui, et la terreur de son nom rem-
plissait la contrée.

Le châtiment ne devait pas se faire
attendre.

Un jour, le 18 septembre 1793, il re-
montait à cheval la côte ardue de Montauri, à Monistrol-d'Allier. Arrivé en un
certain lieu appelé la Pialle, il entend
des coups de feu et soudain tombe mort
sur la route. « Nous, juge de paix, as-
« sisté de notre secrétaire-greffier, nous
« sommes transportés, assisté du citoyen
« Vernet, du citoyen capitaine et gen-
« darmes, stationnés en lad. ville de
« Saugues et de douze volontaires du
« département de la Haute-Loire, vers le
« milieu de la Cotte de Montauri à Esclu-
« zels et au-dessous du bois d'icelle et
« dans la partie appelée Lapialle et sur
« le chemin de Saugues à Monistrol y
« avons trouvé un cadavre que nous
« avons reconnu être celui du citoyen
« Riou, commissaire du département de
« la Haute-Loire, originaire du lieu de
« Vergezac, âgé d'environ quarante-six
« ans... »

La suite du rapport et du procès-verbal d'autopsie par les citoyens Lavalette
et Boulangier est trop longue pour trouver ici sa place ; qu'il suffise de dire
que la victime avait reçu deux balles
dans la tête, une troisième à l'hypocon-
dre gauche qui avait transpercé le dia-
phragme, et trois chevrotines dissémi-
nées en divers endroits du corps. La
mort avait dû être foudroyante.

Les audacieux criminels embusqués

avaient pris la fuite, sans qu'on pût même les reconnaître. L'escorte ramena à Saugues le corps de la victime, et la triste nouvelle en fut aussitôt apportée au Puy par un exprès. On comprend, et les délibérations de la municipalité du Puy en sont un écho, quelles clameurs furibondes provoqua l'annonce de cet assassinat, quels flots de colère elle souleva, quelles malédictions et quelles menaces furent lancées contre ce canton rétrograde où l'on mettait ainsi à mal les patriotes.

Le surlendemain, se firent à Saugues, dans la plus grande solennité, les funérailles de Riou, présidées par les commissaires Arnaud et Olagnier, venus tout exprès, et terminées par un discours patriotique prononcé sur le cercueil de la victime.

Le Conseil général du Puy envoya aussitôt au Conseil de Saugues l'arrêté suivant :

« 19 sept. 93... Les troubles qui agitent la Lozère n'étant point apaisés, les scélérats qui avaient suivi l'exécrable Allier (1), prieur de Chambonas, sur la Margeride, se sont répandus en divers endroits de l'arrondissement. Un chef de rebelles et de brigands non moins dangereux que les premiers existe encore dans la contrée, médite et provoque de nouveaux moyens pour exécuter le projet de contre révolution par cette horde de brigands, et que les vils agents de ce chef se portent à des excès de barbarie et de cruauté la plus criante, le Conseil arrête... •

« 1º Qu'il sera envoyé cent cinquante hommes de la garde du Puy, qui se réu-

---

(1) Claude Allier, prêtre de Mende, s'était mis à la tête d'un parti de contre-révolutionnaires.

niront à ceux qui sont à Saint-Privat, Saugues et Thoras, pour agir de concert et conformément aux ordres des commissaires.

« 2º Que les gens suspects ou regardés comme tels pour leurs opinions inciviques seront désarmés, qu'il sera fait des perquisitions, et qu'à la moindre dénonce ils seront mis en état d'arrestation et conduits à la maison de détention.

« 3º Vu l'abus que les malveillants de ces contrées font journellement des cloches qui leur servent de signal pour se rassembler et exercer leurs brigandages, que les cloches seront descendues et transportées au chef-lieu du district.

« 4º Que les juges de paix et authorités constituées de Saugues, Saint-Privat et circonvoisines feront toutes les perquisitions et informations nécessaires pour découvrir les auteurs et complices de l'assassinat commis contre la personne du citoyen Riou, commissaire.

« 5º Que les frais et dépens occasionnés par les fréquentes rébellions du canton de Saugues et municipalités circonvoisines seront à la charge des habitants desdits lieux. »

Dans une autre séance (18e jour du 2e mois de l'an II), le Conseil général du Puy s'occupa encore de l'érection d'un monument à la mémoire du citoyen Riou, sur l'avenue du canton de Saugues. Mais tout porte à croire que ce projet ne fut point exécuté.

Les recherches et les perquisitions pour venger ce meurtre furent faites au gré des désirs du Conseil. Mais si le nom des auteurs fut connu, ceux-ci du moins ne furent pas appréhendés. Les bois étaient si proches, les gorges de l'Allier et les plis de la Margeride de si difficile accès, et d'autre part le paysan de ces contrées donnait si volontiers aux réfractaires l'asile le plus discret et la plus large hospitalité, qu'il n'était guère possible aux gardes nationaux d'opérer leurs recherches avec quelque espérance de succès.

CHAPITRE VII

La Société populaire, ainsi qu'il a été dit, était composée de membres sortis du menu peuple. Parmi ceux-ci, se signalaient particulièrement quelques énergumènes, ambitieux ou inconscients, on ne sait au juste, mais sûrement ignorants et sans éducation, autant qu'il est permis d'en juger par les termes et la forme de leurs propositions. Leurs motions, pour audacieuses qu'elles fussent, étaient finalement acceptées par le reste de l'assemblée : en ces temps de suspicion et de terreur, un refus ou un vote négatif eût si facilement signalé son auteur comme suspect et digne d'être jeté en prison. D'ailleurs le citoyen Bastier, le ci-devant bénédictin, venu à Saugues on ne sait comment, était le président redouté de cette assemblée.

Les motions et les vœux de la Société populaire apportés incontinents au Conseil général, quelque singuliers ou regrettables qu'ils parussent, ne pouvaient manquer d'être acceptés encore ici. Le conseil avait pour ainsi dire la main forcée. La même suspicion et les mêmes menaces planaient sur lui, et la présence des commissaires rendait toute velléité de résistance fort dangereuse. De la sorte, il ne restait au Conseil général qu'une seule ressource, et nous verrons qu'il la mit généreusement à contribution : la dilation dans l'exécution des mesures qu'il ne pouvait s'empêcher de voter.

Toutes les motions de la Société popu-

laire offrent un caractère particulier ou
de haineuse persécution ou d'odieuse
destruction ou enfin de ridicule fanfa-
ronnade.

Bien que l'homme soit un animal so-
ciable, la Société, dans certains cas particuliers, ne lui est point avantageuse,
et les foules, par l'entraînement du nombre, arrivent facilement à des excès que
les individus n'oseraient jamais commettre isolément. Il en allait un peu de
même dans cette assemblée, et pour le
plaisir de renchérir les uns sur les autres, on en arrivait à des propositions
facilement excentriques; chacun tenait à
faire parade de civisme et cherchait en
cette matière, à l'emporter sur son voisin.

Quelques exemples des délibérations
de cette société :

« Jeudi, 3 janvier 1793   Un membre
dénonce trois ci-devant chanoines, Bonhomme oncle, Manson, Enjelvin neveu,
qui avaient prêté le serment de liberté
et d'égalité, et qui viennent de le rétrac-
ter avant-hier... il a été délibéré que la
conduite de ces trois rétractaires était
improuvée, et qu'ils seraient surveillés.

« Dimanche 13 janvier. — Tous les frères promettent de veiller scrupuleusement à ce qu'il ne soit fait ni injures ni
grimaces au citoyen curé, et de dénoncer absolument toute personne qui lui
aurait manqué. »

« Mardi 21 mai. - Un membre a dit
qu'il était bien surpris de voir quelques
femmes assistant à presque toutes nos
séances, tandis qu'elles n'ont pas paru
une seule fois à la messe du curé constitutionnel, ce ne pouvait être que le fanatisme, ou enfin le désir de voir ce qui
se passe dans nos séances pour le ridi-

culiser. En conséquence, il prie l'assemblée de prendre une délibération pour
exclure à jamais les femmes de nos réunions (1). »

*Séance de la Société populaire du lundi
9 mai 1793*

« L'an II de la République française,
présidence du citoyen Bastier, la séance
a été ouverte au nom de la République,
de la liberté et de l'égalité, par la lecture
du procès-verbal de la présédente.

« Un membre a demandé la parole et
dit que puisque l'assemblée avait délibéré que jeudi serait le jour qu'on chan-
terait au pied de l'arbre de la liberté la
chanson républicaine il désirait que sur-
le-champ on s'occupa du moyen qu'on
employerait pour cette auguste cérémonie, et a fait observer qu'il était de la
dignité et même pour maintenir le calme

(1) Le procès-verbal suivant donne une idée des taqui-
neries faites au curé constitutionnel. « Aujourd'huy
« 28 avril 1793, par un détachement de la garde natio-
« nale de cette ville, a été conduit devant nous J.-B.
« Martin, juge de paix du canton de Saugues, Antoine
« Vernet, du lieu de Bergounhoux, Jean-Pierre Fournier,
« fils du moulin de Chardon et Jean-Pierre Amant, meu-
« nier du moulin de la Cham, mis en état d'arrestation
« pour avoir jetté un chien de la chapelle dite de Notre-
« Dame de la paroisse, dans la nef de l'église pendant
« que le curé constitutionnel disait la messe, ce qui a
« procuré une grande rumeur et sujet de scandale à tous
« les assistants... »
Après l'interrogatoire des accusés et l'audition des
témoins, le juge de paix rendit l'arrêt suivant : « Nous,
« juge de paix, attendu que par l'interrogatoire des Four-
« nier, Amant et Vernet et les déclarations des trois
« témoins par nous entendus..., il ne reste aucune
« preuve que les susnommés aient jeté le chien dont il
« s'agit de la chapelle de Notre-Dame dans la nef de
« l'église de cette ville, avons ordonné qu'ils seront de
« suite mis en liberté de la chambre de correction de
« cette ville où ils sont détenus. Fait à Saugues, ledit
« jour 28 avril 1793... Signé Martin, j. d. p. » (Archives du greffe de Saugues).

qu'une partie des frères déffilassent les premiers de deux à deux et que nos aimables républicaines suivissent dans le même état et qne quelques frères resteraient pour fermer la marche, et quand suivant cet ordre et sans chanter on se rendrait au lieu destiné.

« Un autre a encore fait observer qu'il falait employer et mettre en usage toute la pompe qu'exigeait et méritait cette auguste fête et que le drapeau tricolore ainsi que la pique comme étant le vrai simbole de notre liberté fussent portés par deux sœurs ; sur-le-champ un digne républicain s'est levé et a dit : « Frères et « amis, j'ai eu le plaisir de faire ce drapeau et cette lance, je prie en consé- « quence l'assemblée de déférer à ma fille « l'honneur de les porter, je connais ses « sentiments, l'amour et le soutien de la « patrie est son unique désir..... »

« Les tambours ont commancé à deffiler le président et les deux secrétaires ont ouvert la marche ensuite suivaient les héroynes, enfin on a observé le même ordre que l'assemblée avait adopté, toute la société s'est rendue avec le plus grand élan au pied de l'arbre de la liberté, là on a invité quelques citoyens de chanter avec quelques frères, tandis que les autres formeraient un rondeau et répèteraient à leur tour : « Périssent à jamais « les despotes », et après avoir chanté en bons républicains on a commencé à deffiler avec le même ordre et chacun à son tour a embrassé l'arbre de la liberté. Arrivé à la Société chacun a repris sa place et le président a annoncé que l'assemblée continuait.

« Un membre a dit que ce jour était encore destiné pour le renouvellement du serment. A peine le président a-t-il donné l'exemple quon na entendu dans la salle que « Vivre libre ou mourir. »

« Un autre membre a fait part à l'assemblée que la garde nationale reconnaissante est entièrement dévouée au citoyen commandant, elle désirait aller à sa rencontre et lui prouver combien il lui était cher et priait en conséquence l'assemblée de lever la séance, et elle y a hadéré avec plaisir.

« Signé : Bastier, *président.* »

• 31 oct. — Un membre propose la destruction des créneaux de la tour de Saugues, et la suppression des quatre fleurs de lys qui sont sur la montre de l'horloge de la ville.

« Septidi de la 2e décade de Brumaire an II (7 nov). — Vu que les sieurs Limousin père, et Barrande ainé paraissent bien rarement à la municipalité et à la Société, ils seront avertis d'être plus assidus à l'une et à l'autre, faute par eux de se rendre à cet avis, ils seront regardés comme suspects.

« Samedi, 4 frimaire, an II (24 nov. 93) Un membre propose de transporter à Peutchamp l'ancien arbre de la liberté, pour républicaniser les arrivants qui l'apercevront de loin, et donner une bonne idée du civisme des habitants.

« Octodi de frimaire an II (28 nov. 93) — Un membre demande que les orgues soient converties en balles, attendu que des républicains n'avaient pas besoin de mauvaise musique et que pour eux les sons les plus harmonieux étaient d'envoyer des balles aux pigmées despotes.

« Duodi de la 1re décade de Nivôse, an II (22 déc. 93). — La société arrête qu'il sera envoyé des commissaires à la municipalité pour l'inviter à faire abattre les croix de la ville, et à enlever les fers qui les enlourent, ainsi que la porte et les paniers en fer qui se trouvent au ci-devant château d'Ombret...

« ...Les citoyens Rozon et Gory ont été nommés commissaires pour rechercher des croix d'argent et autres ustensiles appartenant aux cordonniers, tisserands et autres.....

« Nonodi de Nivose (29 déc.).— La conduite irrégulière des communes de Thoras et de Saint-Christophe nécessite l'indignation des vrais sans-culottes ; sur quoy il a été délibéré qu'on rendrait à ladite commune de Thoras, l'offre faite par elle pour la fourniture des souliers...

« Décadi de la 1re décade de Nivôse, an II (30 déc. 93).—La société arrête à l'unanimité qu'il sera écrit une lettre à toutes les communes du canton pour les inviter à faire venir au chef-lieu l'argenterie de leur église pour la joindre à celle du chef-lieu pour en faire l'envoi total.....

« ...Un autre membre a dit que la conduite du curé de Grèzes est répréhensible en ce que le jour du repos ou le décadi n'est point observé, et que les ci-devant dimanches sont annoncés et observés, de même que les cérémonies publique qu'il continue, et qu'une pareille conduite est contraire au décret de la convention relatif au décadi. Il sera écrit une lettre audit citoyen curé de Grèzes, pour lui témoigner le mécontentement de la Société qui le dénonce pour avoir célébré les fêtes du jour de Noël et des ci-devant dimanches. »

La séance a été terminée par des chants civiques de plusieurs citoyennes invitées à cet effet, à l'occasion de la réjouissance pour l'heureuse nouvelle de la prise de Toulon.

Le même jour, des commissaires de la

Société viennent devant le Conseil général manifester le vœu que le chœur existant de la ci-devant église paroissiale, composée de vieux bois, soit détruit et que le bois qui en proviendra, et dont la vétusté annonce l'ancienneté des erreurs qu'il faut effacer, soit employé comme bois à brûler pour le feu de joie qui doit avoir lieu aujourd'hui.

On décide également de faire enlever les fleurs de lys et les croix que les paysans portent sur leurs manteaux : ceux qui les conserveront seront regardés comme suspects et traités comme tels. Ces diverses propositions sont adoptées par le Conseil général.

« Septidi pluviose, an II (26 janv. 1794). — Un autre membre ayant exposé que les cloches qui existent dans la commune n'étant plus de saison, d'après les nouveaux principes généralement reconnus. il demandait que les mêmes commissaires fussent chargés d'inviter la municipalité à faire descendre les cloches et à les employer aux besoins que les circonstances exigent. »

« 18 germinal, an II (7 avril 1794). — Un membre observe que le bassin où était déposée la ci-devant eau bénite existait encore dans l'enceinte du temple de la Raison, que la municipalité doit être invitée de le faire enlever, comme une pierre longue creusée en forme de maie à pétrir qui est placée à offusquer au ci-devant cimetière. »

« Les trois arbres plantés dans la ville seront baptisés : Marat, Chalier et Pelletier (1). Cette motion est saluée par de nombreux applaudissements.

(1) On sait que Marat fut assassiné par Charlotte Corday. Châlier, conventionnel farouche, fut guillotiné à Lyon, après la prise de cette ville, le 16 juillet 1793. Pelletier n'est autre que Lepelletier de Saint-Fargeau,

« 22 germinal (11 avril). — On arrête que deux frères concourront à donner des instructions le jour de décadi au temple de la Raison.

« 5 floréal (24 avril). — La Société populaire délibère qu'il sera envoyé à la municipalité des commissaires pour la prier de faire enlever le bénitier de l'église, de faire enlever quelques cercueils en pierre de la place de la Réunion et d'employer pour cela les bœufs qui auront été surpris violant le repos du décadi.

« 15 floréal. — La Société populaire nomme deux commissaires pour désigner l'endroit de la salle où l'on mettra les bustes de Marat, Pelletier et la déesse Raison. »

Quelques jours après on décide que toutes les séances commenceront par le chant : « Tremblez, tyrans ! »

« 10 prairial (29 mai 1794). — Un membre a demandé que certains noms qui souillent encore le temple de la Raison soient effacés de manière à ne plus paraître, une telle prédication ne pouvant plus entrer dans les bases de l'Egalité... Un brouhaha se fait entendre, c'est l'évasion des prisonniers. A cette nouvelle, les frères se pressent en foule et sortent pour aller à leur poursuite... »

Enfin, la Société émit ce vœu, plutôt bizarre, qu'un citoyen serait aposté dans les rues avec une éponge pour salir le linge de ceux qui, au jour du ci-devant dimanche, auraient mis sur eux du linge propre.

En réponse à l'invitation qui lui a en a été faite le trente décembre, « la

fougueux révolutionnaire, assassiné à Paris le 20 janvier 1793. La Convention lui décerna les honneurs du Panthéon.

municipalité de Saint-Christophe apporte à Saugues pour être offerts en don à la patrie, les vases sacrés consistant en calice, patène, ostensoir, ciboires, pesant le tout 3 marcs six onces et demie. » 25 nivose an II (14 janv. 1794).

Mieux avisées, d'autres paroisses ne répondirent pas si hâtivement à l'appel qui leur était fait. Cubelles, entr'autres, n'envoya rien du tout et conserva ses croix et son calice. Les archéologues d'aujourd'hui lui savent bon gré de son refus.

Bien qu'un grand nombre de ces motions fussent adoptées et exécutées, quelques-unes cependant restèrent sans exécution. Les orgues, par exemple, ne furent point détruites comme on le désirait, et les cloches, cette fois encore, ne prirent pas le chemin du chef-lieu de district.

CHAPITRE VIII

Comite de surveillance ; lettre aux habitants de Saugues. — Nouvelles querelles de Dumont avec ses paroissiens. — Abolition du culte catholique remplacé par celui de la déesse Raison. — Efforts tentés pour effacer tout souvenir du Christianisme. — Difficultés pour l'accomplissement des actes religieux. — Tristesse et dureté de ces temps-la ; pénalités excessives. — Destruction décrétée des titres féodaux, des statues, des ornements, des croix, des autels, des monuments. — Efforts du Conseil pour atténuer ces désastres.

Le 26 octobre, en sus du Comité de Salut public qui fonctionnait en permanence, venait d'être créé un comité de surveillance composé de sept membres, avec des attributions menaçantes pour la sécurité des paisibles citoyens. Ses pouvoirs échappaient au contrôle de la municipalité, et l'indépendance dont il jouissait en faisait une institution redoutable pour les suspects. On explique par là comment les prisons de la ville furent vite peuplées ainsi que le laisse entendre la délibération précédemment mentionnée.

D'autre part, de jeunes éphèbes, passionnés d'idéal et épris d'un bel enthousiasme pour le régime nouveau étaient allés dans les grands centres pour s'imprégner davantage, comme à un foyer plus ardent, de sentiments civiques et d'ardeur révolutionnaire. De là, ils écrivaient à leurs compatriotes attardés pour les initier à la lumière et stimuler leur zèle somnolent :

« 27 Brumaire (17 nov. 1793). — Mes amis, notre canton est vilipendé... On ne parle des habitants de Saugues qu'avec indignation. Faut-il, encore une fois, que des républicains souffrent patiemment ces injures atroces ? Non, il est temps qu'ils se montrent et fassent connaître à la République entière quels sont et quels ont toujours été leurs principes depuis le commencement de la Révolution. Défions tous les Français d'avoir fait plus de sacrifices que certains habitants de ce canton. Apprenons à la France entière que les impositions sont payées sans murmure... Notre vie est à eux, qu'ils en disposent. Conjurons-les de rendre le décret portant que désormais le canton sera appelé le canton de Saugues-la-Montagne. Manifestons-leur notre vœu à ne vouloir plus de prêtres et que le salaire des curés et vicaires constitutionnels sera mieux appliqué à de vrais défenseurs de notre mère-patrie ; de vrais républicains n'ont plus besoin de toutes ces mômeries sacerdotales, et ne restât-il qu'un de ces pestiférés, il ferait des prosélytes et ne discontinuerait pas de troubler l'ordre. Leur trop long règne est fini, il faut qu'ils disparaissent, ils ne font que souiller le sol de la Patrie... Salut et fraternité. »

Cette lettre fait allusion, entr'autres choses, aux difficultés qu'éprouvaient, dans cette région, les collecteurs de l'impôt, et, en même temps, au grand nombre de réfractaires qui, plutôt que d'aller défendre la Patrie préféraient se jeter dans les bois et s'enrôler parmi les rebelles. L'habitant de Saugues, en général, n'a jamais montré beaucoup de goût pour le métier des armes, et nos pères, en cette époque, n'échappaient point à ce caractère particulier, comme on le verra plus loin.

Le vœu émis dans la lettre précédente reçut pleine satisfaction : Saugues s'appela dès lors « Saugues-la-Montagne » et le sceau de la municipalité sur lequel se lisaient ces simples mots « Municipalité de Saugues », fut modifié en cette occasion, et avec divers attributs porta en exergue cette légende : « Municipalité de Saugues-la-Montagne. »

SCEAUX de la MUNICIPALITÉ de SAUGUES PENDANT LA RÉVOLUTION

Qu'était devenu le sieur Dumont, curé constitutionnel de la paroisse ? On constate, par les registres, qu'il continuait à vivre en guerre ouverte avec la population. Le 27 décembre, il refusait sous divers prétextes d'inhumer Marguerite Hermet de Vacheleries. Toujours, comme par le passé, il ne voulait point conduire à leur dernière demeure les enfants qu'il n'avait pas baptisés.

« Il nous a paru, lisons-nous dans les « délibérations du Conseil, par ces pro-« pos et par ces refus, que bien loin de « vouloir gagner sa paroisse par une « bonne conduite, il cherchait, au con-« traire, à y mettre le désordre, qu'il ex-

« posait ses paroissiens à l'insulter pour
« leur dresser procès-verbal. »

Les enfants et les femmes allaient
dans l'église paroissiale pour le tourner
en dérision, et faire le simulacre des cérémonies qu'il accomplissait. Dumont
avait sollicité la protection de quelques
membres de la société populaire, et
celle-ci décida que l'on rechercherait les
auteurs des impiétés commises dans l'é-
glise constitutionnelle. Les pères et mè-
res sont priés d'empêcher les enfants de
faire la plus légère insulte et de tenir
des propos moqueurs et injurieux au
citoyen curé. Désormais l'on enverra
quatre hommes de garde à l'église constitutionnelle. (Dimanche, 16 décembre
1792) (1). »

Quelques mois après, le 30 mai 1793,
on adjoignait au sieur Dumont un vicaire
constitutionnel, J.-André Chazal, ancien
vicaire de Beaulieu. Mais depuis lors,
dans les registres il n'est plus guère
question ni du curé, ni de son vicaire ;
l'un et l'autre allaient disparaître em-
portés par l'évolution des événements.

Le 7 novembre 1793, la Convention
abolit tout culte public et national, remplacé par le culte de la déesse Raison
dont la fête fut fixée au 10 novembre.
Alors commença une des plus mons-
trueuses divagations de la Révolution,
l'espérance et la tentative d'effacer à tout
jamais du sol de France jusqu'aux moindres vestiges de la religion catholique,
comme si pour tuer une idée il suffisait
de supprimer ceux qui la représentent.

---

(1) L'administration (du département) donna à Dumont, curé constitutionnel de Saugues une escorte de
20 soldats commandés par un officier, 3 déc. 1791. (Go-
DARD, *Mém. de la Soc. Agr. et Scient. du Puy*,
p. 339.)

Cette rage satanique allait ne connaître ni borne ni mesure.

Après les ordres religieux dispersés et leurs biens confisqués, les prêtres mis hors la loi, jetés en prison ou traqués dans les bois, les églises fermées ou employées à diverses destinations, on allait s'attaquer maintenant à tout ce qui avait un caractère religieux quelconque.

Les images et statues des saints étaient brisées ou brûlées sur la place ; l'argenterie et les vases sacrés réclamés pour être envoyés à la fonte, les cloches descendues pour être converties en canons, les croix d'argent et objets d'art demandés et redemandés pour être impitoyablement détruits.

Des émissaires désignés allaient donner la chasse aux croix de bois et aux croix de pierre, dans les places, les carrefours, sur les routes, dans les villages, pour les mutiler et les briser : de là viennent ces tronçons informes que l'on rencontre dans tous les chemins, près des villages, et que la main pieuse des passants replace souvent dans leur position normale quand un accident quelconque les a déplacés.

Ce que l'on ne put emporter ou brûler, on le défigura, les chapiteaux des églises, les blasons, les sculptures antiques furent ignoblement mutilés.

A Saugues, dans ce pays de mœurs encore grossières, mais chrétiennes, l'on ne constate point de ces mutilations sans nom comme l'on en voit dans les églises et sur les monuments de la basse Auvergne, où la barbarie déchaînée se donna libre carrière, et où des œuvres d'art admirables furent atrocement dégradées par un fanatisme qui dépassait de bien loin le prétendu fanatisme religieux.

Le calendrier fut effacé, suppléé par

un nouveau (1) : supprimés les noms des mois, supprimé le dimanche remplacé par le décadi ; supprimés les noms de saints remplacés par des noms de plantes et d'animaux divers.

Les villes et les villages portant le nom de saints furent débaptisés : Saint-Préjet s'appela « Rive d'Ance », Saint-Privat, « Privat-la-Roche », Saint-Etienne « Armeville », Saint-Chély « Roche-Libre ».

Tout culte public et national fut aboli : il n'y eut pas d'autre divinité reconnue que la déesse Raison.

On crut que par là l'on en aurait bientôt fini avec la religion du Christ !

Mais combien, cette fois encore, se trompaient les persécuteurs ! Tous, les uns après les autres, ils allaient se coucher dans la tombe, et bientôt, sur leur poussière, le Christ venait régner en vainqueur. Cette parole, quoique puissent faire les passions humaines, sera toujours vraie : « *Christus vincit, Christus regnat.* — Le Christ règne en vainqueur. ».

Ce fut aussi, en cette occurrence, un redoublement de lois rigoureuses et de sévères perquisitions à l'égard des prêtres insermentés. Ceux-ci, on l'a déjà vu, se cachaient en fort grand nombre dans la paroisse. Le Conseil, non seulement ne l'ignorait point, mais encore, à l'heure voulue, étendait sur quelques-uns d'entr'eux sa protection, de telle façon qu'il allait bientôt être rappelé à l'ordre, encore une fois, par le district, et se

---

(1) L'année commençait le 22 septembre. Les noms des mois étaient : Vendémiaire, Brumaire, Frimaire, Nivôse, Pluviose, Ventôse, Germinal, Floréal, Prairial, Messidor, Thermidor, Fructidor. Les mois étaient de 30 jours. Les cinq jours de la fin de l'année furent appelés « sans-culottides ».

voir enlever la direction des perquisitions.

Ces prêtres, pour dérober leur tête à l'é-
chafaud, car les commissaires en séjour
permanent dans la localité ne les eussent point laissé s'échapper, une fois
découverts, étaient obligés de recourir
aux mesures de prudence les plus minutieuses. Les baptêmes se faisaient, la
nuit venue, soit dans les granges, soit
dans l'intimité des demeures et dans le
mystère le plus profond. Les messes se
célébraient aux premières lueurs de
l'aube, dans des cachettes mystérieuses,
les portes du logis solidement barrica-
dées et de fidèles surveillants apostés
aux aguets pour prévenir toute surprise.
Quelques initiés seulement, dont l'inviolable fidélité était assurée, pouvaient
seuls y assister.

Ceux qui se dérobaient au loin dans
les campagnes, étaient soigneusement
cachés et hébergés par leurs hôtes, de
pauvres paysans qui risquaient de payer
de leur tête leur pieuse hospitalité. Le
dévouement de ces braves gens fut vraiment admirable ! Dans l'épaisseur des
bois, au sein des retraites inaccessibles
où se cachaient les prêtres poursuivis,
ils leur apportaient à la faveur des téné-
bres, la subsistance nécessaire sans se
lasser jamais et sans se rebuter par la
crainte d'être surpris.

D'autres fois, ils les recueillaient malades et épuisés, comme le fit Romeuf
dit Pointu, du village de la Roufiage, qui
soigna dans sa dernière maladie le prêtre Joachim Ganilhe, ancien professeur
au collège de Saint-Flour, « et l'enseve-
lit dans un champ derrière sa grange,
puis le couvrit d'un pignon de blé, à
cause du moment de terreur. »

Combien de ces obscurs dévouements

sont restés inconnus ? Bref, si les prêtres furent héroïques, les braves paysans le furent également et peut-être même davantage.

Trouverait-on aujourd'hui, s'il en était question, à se cacher avec sécurité dans ces mêmes campagnes ?

D'autres fois, les prêtres arrêtés par les patriotes étaient défendus et rendus à la liberté par les habitants.

A Venteuges, le gendarme Margotta avait réussi à capturer l'abbé Rougeyron, qu'il se disposait à conduire en prison. Mais il comptait sans les femmes. Celles-ci, après avoir ramassé des pierres dans leur tablier, attaquèrent si vivement le gendarme qu'elles le mirent en fuite et le firent prestement détaler. Le captif fut ainsi délivré.

Quant aux autres actes de la vie religieuse, leur accomplissement ne se faisait qu'à travers mille difficultés. La cérémonie du mariage s'accomplissait clandestinement devant un prêtre sans aucune publication de bans. Pour l'assistance des mourants, le prêtre se déguisait, et de jour ou de nuit trouvait moyen d'arriver au chevet des moribonds qui attendaient avec anxiété que la main du ministre du Seigneur se levât pour donner à leur âme le dernier pardon. Il ne pouvait être question d'enterrement religieux, sauf, jusqu'en septembre 1793, par le ministère de l'intrus. Les tombes mêmes, après cette date, avaient été dépouillées de leur croix, et plus rien ne rappelait au champ des morts le souvenir d'une vie future.

Ce n'est pas sur le prêtre seul que l'on poursuivait le souvenir de la religion chrétienne ; tout citoyen portant une croix ou une médaille était déclaré suspect. Antoinette Montel surprise fanatisant un décadi, c'est-à-dire travaillant ce jour là, fut tenue pour suspecte et jetée en prison. Il y avait des pénalités pour ceux qui ne travaillaient pas le dimanche, et il en était ainsi pour ceux qui travaillaient le décadi. En un mot, ces temps étaient devenus si durs que les vieillards de cette époque pleuraient à chaudes larmes lorsqu'ils faisaient à leurs petits enfants le récit de ces douloureuses persécutions.

Dorénavant, les délibérations du Conseil de Saugues vont se ressentir de cet état de choses et devenir comme un écho lointain des séances de la Convention où se votaient sans relâche les décrets barbares et les lois persécutrices. La Convention, pour assurer l'exécution de ses volontés, envoyait dans chaque département quelques-uns de ses représentants, et ceux-ci, à leur tour, déléguaient dans les petites villes des commissaires affidés, de sorte que d'un bout à l'autre de la France entière devaient être exécutées les mesures tyranniques édictées par cette assemblée.

Un décret ordonnait la destruction des titres relatifs à la féodalité, et un autre l'érection dans chaque ville d'un autel de la patrie. A Saugues, cet autel avait été érigé sur la place aux premiers jours de novembre 1793.

« 9 Frimaire, an II (29 nov. 1793). — Un membre a dit que le premier hommage et sacrifice fait à l'autel de la patrie qui vient d'être érigé, est le brûlement des titres relatifs à la féodalité..... sur quoy, le procureur de la commune entendu, la proposition ci-devant faite a été unanimement applaudie, et le Conseil arrête que les titres relatifs à la féodalité et dont le bruslement est ordonné par la loy ci-dessus citée, seront transportés séance tenante au devant de l'autel de la patrie pour y être brûlés, ce qui de suite a été exécuté en présence des membres du conseil qui accompagnés d'un détachement de volontaires pris pour escorter les deux chards sur lesquels étaient lesdits papiers, se sont transportés sur la place de la Liberté où après avoir mis le feu auxdits titres, le citoyen maire a fait un discours aux spectateurs, relatif à la cause qui les réunissait. »

« ....Du même jour. — Après avoir ouï le procureur de la commune, le conseil a délibéré que la liste des châteaux-forts de cette commune contiendra ceux qui suivent :

« A Saugues une vieille tour quarrée, garnie de meurtrières et presque réduite en masure. A la Rode une tour qui domine sur le village et à laquelle il n'y a aucun toit ni porte fermée. A Giberges, une tour sans couvert, presque réduite en masure. A Brangerès une masure de tour, et à Ombret un château-fort appartenant à la nature, à cause de l'émigration des propriétaires. »

Le 12 Frimaire (2 Déc.) vient du Puy le citoyen Alexandre Molinier, gendarme de la 35e division, avec ordre de requérir la gendarmerie et les volontaires de Saugues pour faire les perquisitions nécessaires dans le canton, pour arrêter les prêtres réfractaires, les jeter en prison, et de là, les conduire au district pour y être jugés.

En ce même jour, sur le vœu de la Société populaire, le Conseil envoie demander au Puy l'autorisation de faire ériger la ci-devant église paroissiale en temple de la Raison. Il décrète « que tous les ornements en or et en argent servant au ci-devant culte seront incessamment portés à la maison commune, pour être adressées au citoyen Solon Reynaud, représentant du peuple dans la Haute-Loire, afin qu'il veuille faire agréer par la Convention Nationale cette offrande civique que la commune de Saugues a destinée pour subvenir aux frais de la guerre. »

Comment cela se fit-il ? Les ornements désignés furent peut-être apportés à la Commune, mais ne vinrent sûrement pas tous au Puy, puisque une partie se retrouve en sa place et en fort bon état. Ceux, au contraire, apportés par quelques-unes des paroisses voisines ont disparu à tout jamais. De ce fait, et de ce qui se passa au sujet du clocher et des cloches, ne peut-on pas conclure que le Conseil n'exécutait pas strictement ses propres arrêtés quand l'exécution en devait être nocive pour la commune ?

Le 21 Frimaire (11 Déc.), le Conseil général « arrête que les effigies en bois qui existent dans la ci-devant église et qui ne font que rappeler les marques du paganisme seront enlevées et remizes comme bois à brûler à la maison d'hospice de cette ville. »

Le Conseil, en l'occurrence, n'avait point adopté, dans toute sa teneur, la motion de la société populaire qui voulait faire de ces statues un feu de joie. Cette manière d'agir fut sans doute préméditée. Une fois livrées à l'hospice, personne ne songerait peut-être à contrôler strictement l'exécution de l'arrêté, et de la sorte on pourrait sauver quelques statues. C'est ce qui advint en effet, La Vierge noire de Saugues, cette vieille Madone tant vénérée depuis six ou sept siècles, put ainsi échapper à la destruction. De pieuses mains l'emportèrent et au lieu de la jeter au brasier qui l'atten-

dait, l'enfouirent dans les entrailles de
la terre qui garda bien son secret. Ainsi,
dit-on, fut cachée celle d'Estours, et ces
deux Vierges romanes,donc on fait re-
monter l'origine au XIe ou XIIe siècle
doivent à cette sage précaution d'avoir
échappé à la destruction.

Les vieillards rapportent, pour l'avoir
entendu de leurs parents, que les croix
d'argent furent également confiées à la
terre, et que ni les réclamations pressantes des commissaires, ni les recherches
faites sur leurs injonctions, ne purent
arriver à les découvrir.

Ces scènes de barbare destruction
avaient des intermèdes, et ces intermèdes étaient les réjouissances publiques à
l'occasion des victoires remportées par
les armées de la République.

« Séance du conseil général de la
commune de Saugues du décadi de la
première décade de nivôse l'an II (30
Décembre 1793) de la république une et
indivisible......

« En conséquence de la nouvelle officielle de la prize de Toulon (1), et en exécution de l'arrêté pris par le conseil le
six du courant pour répéter la réjouissance et les sentiments de joie que mérite une si heureuse nouvelle, le Conseil
général a arrêté à l'unanimité des suffrages que un membre de la municipalité
sera le commissaire ordonnateur de la
fête. Que pour célébrer la fête du décadi
de ce jour, il sera fait une invitation à
tous les citoyens de se rendre au temple
de la Raizon ou les membres du conseil
se transporteront pour donner connaissance aux citoyens qui s'y rendront de
toutes les lois qui nous sont parvenues

Toulon avait été pris sur les Anglais le 30 Frimaire
an II (20 Déc. 1793).

dans le cours de cette décade et dont-il leur sera fait une explication pathétique et qu'en même temps ils seront prévenus des dispositions du Conseil général pour la répétition dans ce jour des réjouissances que mérite l'heureuse nouvelle de la prize de Toulon qui nous est parvenue, ce que dessus ayant été exécuté par la réunion des membres du Conseil qui s'est fait avec les authorités constituées de cette commune et où étaient aussi les officiers et volontaires stationnés en cette commune, de même que les citoyens de la commune composant la garde nationale.

« Le cortège est sorti au bruit du canon qui a tiré pour annoncer la fête et accompagné des tambours s'est rendu sur la place de la Liberté où est élevé l'autel et l'arbre de la liberté et où s'est trouvé un feu de joie préparé qui a été de suite allumé et pendant lequel tous les citoyens se sont livrés à des chants civiques et joyeux qui ont été suivis d'une farandole qui fut faite par tous les citoyens et citoyennes se tenant bras à bras et qui ont parcouru tous les différents quartiers de la ville et ensuite sur l'invitation de la municipalité faite à tous les citoyens de se rendre dans la séance de la société populaire de ce cheflieu, et qui allait se tenir, et d'après les ordres de la municipalité que tous les habitants de la ville eussent à illuminer les fenêtres de leurs maisons ce qui ayant été exécuté, le grand nombre de citoyens et citoyennes se sont rendus à la séance de la société populaire qui d'après le cours de ses opérations ordinaires a été terminé par des cantiques civiques chantés par les citoyens et citoyennes et accompagnés de plusieurs feux d'artifices qui avaient été préparés à cet effet, et ensuite le cortège s'est retiré, et les membres du Conseil réunis en la séance ont arrêté et dressé le présent procès-verbal, qui a été signé par les membres présents ledit jour et an ».

Mais la description de cette fête n'est point l'expression de la vérité. Ces joies factices ne pouvaient faire oublier à chacun les angoisses de l'heure présente, aussi le concours des citoyens fut peu nombreux, si peu même que dans la séance suivante l'on arrêta qu'étant donné le petit nombre de citoyens qui avaient pris part à cette fête, on dresserait la liste de ceux qui étaient présents, et que les absents seraient surveillés de près.

Les réjouissances terminées on revenait à la destruction.

La suppression des croix ayant été auparavant décrétée, les matériaux en furent vendus. Le 19 ventôse an II (9 Mars 1794) furent adjugés les pierres et matériaux dont suit la désignation :

« 1er lot. Prisons et piédestal de la Croix de Pouzarot et de celle derrière la chapelle des Pénitants... 180 livres ».

« 2e lot. Chazal du four banal et piédestal des croix du Portal-del-Mas, de la Gardette et de la Croix d'Arnaud... 50 livres ».

« 3o Piédestal de la croix de Peyre-Blanche, la Croix du Ruisseau Saint-Jean, et la croix dite del Fraisse... 32 livres ».

« 4o Piédestal de la Croix du moulin de Chausse et de Peuchan... 15 livres ».

Bien que vendues, toutes ces croix ne périrent point. Il nous reste la belle et vieille croix en fer forgé du portail del Mas, si goûtée des connaisseurs. Il reste encore la croix de Peyre-Blanche, curieuse à cause du groupe de personnages qu'elle porte. Elle dut être démolie, puis replacée plus tard ; au cours des opérations, les personnages subirent de graves mutilations, qu'il a été impossible, malgré l'essai tenté, de reconstituer dans leur originalité primitive. Les croix qui survivent font vivement regretter celles qui disparurent à cette époque

Et le vent était toujours aux démolitions :

« 23 ventôse (13 mars 1394). — Le conseil général arrête que tous les ci-devant autels placés dans les temples dépendant de la municipalité de Saugues, seront démolis et abattus, de même que les clochers existant dans cette commune et que cependant la flèche du ci-devant clocher élevé au-dessus du temple de la Raison, qui sera surmonté d'un coq, comme symbole de la surveillance, existera jusqu'à nouvel ordre ».

Tous les autels mis en cause dans l'arrêté précédent ne périrent pas. Ceux des Tiers-Ordre du Carmel et de Saint-Dominique et probablement aussi celui de l'église paroissiale, furent épargnés. On voit, dans cette délibération, la sollicitude du Conseil pour son clocher paroissial qu'il entend sauver de la destruction, grâce à la suppression de la croix remplacée par un coq.

Mais cette partialité ne dut pas être appréciée des commissaires étrangers. N'en saisirent-ils pas le Directoire ? N'y eut-il pas des ordres précis adressés à ce sujet ? Il est probable que certaines influences venues du Puy durent agir, car le Conseil de Saugues, dans sa séance du 27 mars, arrête de faire abattre les tours fortes et clochers, *sans exception, en rapportant l'arrêté précédent concernant le clocher paroissial.* »

On en voulait donc bien à ce clocher

de Saugues ! Serait-ce parce qu'il datait du milieu ou de la fin du douzième siècle et qu'il constituait l'une des plus belles œuvres d'architecture de cette petite ville ? Rien n'est féroce comme la barbarie, rien n'est sans pitié comme la haine !

Mais malgré l'arrêté qu'il vient de prendre, le Conseil, pour cette fois encore, saura préserver son clocher. Ce n'est pas tout de suite qu'on va s'occuper de cette démolition. Treize jours après (21 germinal, 9 avril), on décide de faire venir de Langeac un architecte pour étudier la démolition de la tour et du clocher.

En ce même jour on arrête « qu'il y aura, chaque lendemain de décadi, une séance où tous les membres du Conseil Général seront tenus d'assister sous peine d'amende de 30 livres, à sept heures du matin. »

On demeure rêveur en face de cette rage de destruction et l'on aurait une bien mauvaise opinion du Conseil de Saugues si l'on ne savait que ces arrêtés divers n'étaient que la simple promulgation faite à Saugues des arrêtés du district et des décrets de la Convention. Les petites paroisses voisines passèrent par les mêmes phases, et ce n'était là qu'un faible écho de ce qui se faisait partout ailleurs. La barbarie régnait en souveraine dans notre belle terre de France, et tandis que, par ordre supérieur, les ruines étaient partout amoncelées sans vergogne et sans remords, le Conseil Général de Saugues, par ce qu'il parvint à faire épargner, méritait bien de la postérité.

CHAPITRE IX

Lettre de la société populaire du Puy a la municipalité de Saugues. — Constat médical pour éviter aux chanoines Bonhomme et Boulangier d'être transférés au Puy. — Semblable constat pour deux religieuses détenues. — Institution d'un carême civique. — Célébration de la fête de l'Etre suprême.

Ce n'est pas seulement sur les monuments que le Conseil étendait sa protection, tacite sans doute, mais efficace ; les prêtres insermentés eux-mêmes étaient assurés également les uns de sa neutralité, quelques autres de sa bienveillance et de son appui. On ne l'ignorait pas en haut lieu, et les semonces les plus caractérisées étaient venues stimuler son civisme, sans grand succès d'ailleurs. La réputation de ce coin de terre si profondément enténébré avait franchi les espaces et s'était étendue à cent lieues à la ronde, du Malzieu, de Langeac, d'Armeville (Saint-Etienne), de Montpellier même arrivaient des lettres foudroyantes où l'on incitait les gens de Saugues à la haine des ci-devant calotins.

Au district, on ne laissa point échapper cette occasion d'en écrire à la municipalité de Saugues, en termes plus mesurés, cette fois.

« 4 floréal, an II (23 avril 94). — Société populaire du Puy. Liberté, égalité ou la mort.

« Frères et Amis. Plus une loi est rigoureuse, plus elle doit être connue de chaque individu. La loy rendue le 22 germinal dernier, relative à ceux qui reçoivent des prêtres et des ecclésiastiques, prononce la peine de mort et la confiscation de leurs biens dans le cas que ces prêtres seront condamnés à mort.

« Cette loy aussi juste que sévère intéresse de trop près la société et principalement les habitants de la campagne que le fanatisme et l'ignorance pousse à donner asile à ces êtres ennemis de la patrie et de l'humanité.

« Nous vous invitons donc à donner la plus grande publicité à cette loy, afin que ceux qui la transgressent ne puissent pas arguer qu'ils l'ont ignorée.

« La société attend de votre zèle et de votre amour pour l'humanité que vous ne négligerez rien pour que personne n'ignore le danger auquel il s'expose, et le juste châtiment qui les attend.

« Salut et fraternité. »

Après lecture publique de cette lettre, le Conseil de Saugues porta l'arrêté suivant :

« Art. I. — Quiconque recèlera un ecclésiastique réfractaire sera puni de mort.

« Art. II. — Le receleur d'ecclésiastiques sera regardé comme leur complice et traité en conséquence. »

Cet arrêté n'est autre chose que la promulgation des dispositions de la loi du 22 germinal signalée ci-dessus.

Elle était dure pour les prêtres, dure aussi pour ceux qui les cachaient.

Allait-elle être exécutée à Saugues même ? Elle le fut pour quelques-uns, elle ne le fut pas pour d'autres que l'on avait là sous la main.

Deux chanoines, en effet, G. Bonhomme et Boulangier, âgés et infirmes, pour n'avoir pas prêté le premier ser-

ment, avaient été déclarés réfractaires
et décrétés d'emprisonnement. Leurs
infirmités ne leur permettant point de
se dérober dans les campagnes, ils étaient
restés dans la ville, au milieu de leur
famille, dans l'attente des événements.
Ils furent, par le district, déclarés prisonniers sur place, et menacés de peines plus graves. Mais le conseil de Saugues veillait sur eux.

Le 12 sept. 1792. — « Considérant qu'il
se trouve des ecclésiastiques dont les
infirmités peuvent donner lieu de jouir
de l'exception portée à leur égard par
l'article 8 de la loy du 26 août... le Conseil nomme MM. Ignace de la Bretoigne
de Lavalette et J. B. Agulhon, docteurs
en médecine pour constater les infirmités des susdits prêtres. »

Sur le vu de la constatation desdits
médecins, le district fit transporter à
l'hospice l'un des chanoines, et laissa
l'autre chez la citoyenne Estaniol, sa
nièce, tous les deux maintenus comme
prisonniers, et ténus à la disposition du
tribunal.

Bientôt le citoyen Guyardin réclama
ces deux réfractaires, pour les faire passer en jugement, et subir le sort dont
la loi les menaçait. Le conseil objecta
que leurs infirmités rendaient le transport impossible. Le citoyen Guyardin,
qui ne se payait pas de mots, envoya un
médecin du Puy pour contrôler ces as-
sertions :

« Ce jourd'huy 22 prérial l'an II (10
juin 94) de la république françoize, une
et indivisible, s'est présenté en maison
commune les citoyens Benoit, officier de
santé de la commune du Puy et Lavalette,
officier de santé de la commune de Saugues, ont rapporté qu'en exécution de
l'arrêté du citoyen Guyardin, rendu sur

les observations de la municipalité, se
sont rendus chez la citoyenne Staniol où
le sieur Bonhomme ci-devant chanoine,
détenu comme en maison de récluzion
suivant l'arrêté du citoyen Solon Rei-
naud du 22 pluviose dernier nous on
dit qu'après l'examen le plus escrupu-
leux ils avaient vu le sieur Bonhomme
dans un état de faiblesse et d'infirmité
rendant continuellement les urines san-
guinolentes avec des flocons fougueux
et purulents qui en gênent la sortie et le
font cruellement souffrir, lui ayant aussi
trouvé les viscères du bas ventre phlo-
gosé avec une douleur sensible principalement aux reins où il est à présumer
le siège des ulcères d'un mauvais caractère qui dans l'excès de ses souffrances
le font tomber dans des syncopes dangereuses qui donnent à craindre qu'il ne
reste dans tels paroxismes. En conséquence de cet état réel raportent que
vu toutes les crises et les accidents qui
s'ensuivent le sieur Bonhomme être
dans un état incurable, menaçant d'une
mort prochaine, et hors d'état de suporter aucun transport.

« Et sur l'observation d'un membre
que le sieur Boulangier, prêtre réfractaire infirme, avait été transféré dans le
temps par ordre du comité de surveillance dans la maison d'hospice de ce
chef-lieu, par forme de réclusion, et
d'après les dispositions de la loi du 22
germinal dernier, il était indispensable d'inviter les mêmes officiers de santé,
de vérifier l'état dudit Boulangier, ce
qui ayant été adopté, après avoir ouï
l'agent national, les citoyens Benoit et
Lavalette présents sont de suitte sortis
pour aller visiter le sieur Boulangier
et de retour séance tenante nous ont
raporté l'avoir trouvé dans un lit accablé

d'infirmité avec état de fièvre, des agitations subites et involontaires dans le corps, distorsions des membres, perte continuelle des urines et irritations sensibles douloureuses dans le principe nerveux simptôme si grave et si permanent qu'il lui donne des vertiges, perte de connaissance et sueurs critiques à le plonger dans d'extrêmes syncopes, qu'en conséquence d'un état si désastreux et scrupuleusement observé, ont dit avec vérité qu'il ne peut suporter aucun transport.

« Sur quoi la municipalité, après avoir ouï l'agent national a invité le citoyen Benoît à rendre compte dès son arrivée au Puy au citoyen Guyardin tant sur l'état du sieur Bonhomme que Boulangier pour que le citoyen représentant arette définitivement la conduite que la municipalité a à tenir, fait et délibéré les susdit jour et an et ont lesdits officiers de santé signé avec les membres présents. »

Suivent les signatures : Benoit, Lavalette, Torrent, Boulangier, Barrande, Vernet, etc.

C'est ainsi que, par le Conseil, ces deux chanoines furent arrachés à la mort ou tout au moins à la déportation. Leur état n'offrait point, en effet cette intense gravité si soigneusement spécifiée, et nous les verrons, dans quelques mois, remplir sans aucune difficulté dans l'église paroissiale, les fonctions de leur ministère.

La protection du Conseil ne se limitait pas aux prêtres seulement, on a déjà vu qu'elle s'étendait aux religieuses que poursuivaient les lois de cette époque :

« 21 vendémaire, an III (11 oct. 94). — La municipalité considérant le certifi-

cat du citoyen Lavalette, constatant que Marie Ursule Béraud, âgée de 69 ans, et Laurence Manson, âgée de 44, ex-religieuses, sont dans un état de maladie à exiger des remèdes qui ne peuvent être administrés dans la maison de réclusion, a délibéré la translation desdites malades chez elles, pour y recevoir les remèdes nécessaires ; puis au moment de leur guérison, on les réintégrera dans la maison de réclusion ».

N'était-ce pas une manière peu déguisée de rendre ces pauvres filles à la liberté ?

Ce nom de Lavalette revient souvent dans les constatations d'infirmités et de maladie des détenus de la Révolution. M. Ignace de la Bretoigne de Lavalette, que l'aristocratie de son nom et de sa famille aurait dû désigner à l'intolérance des sans-culottes de l'époque, parvint, à force de services rendus, par une prudence de tous les jours, à se rendre indispensable à ses concitoyens et tout ensemble à ne pas attirer trop sur lui l'attention du district. Il put ainsi éviter l'émigration, et se dépenser en visites charitables auprès de ses compatriotes dont la vie était si profondément troublée durant ces heures tourmentées.

Ce n'est pas que les incidents comiques y fissent complètement défaut, témoin cette délibération du Conseil, consécutive à une motion proposée par la Société populaire :

« Séance publique du Conseil général de la commune de Saugues-la-Montagne, du onzième floréal l'an II (30 avril 1794) de la République française une et indivizible... »

« Le Conseil général, pénétré du même zèle qui a animé la Société populaire pour prohiber provizoirement l'usage de la viande par l'observation d'un carême civique dont elle a fait porter le vœu au Conseil général par deux membres quelle a député, considérant que cette mezure vient au secours tant de nos frères d'armes auxquelz la subsistance en viande est la plus nécessaire, et la plus propre pour les soutenir dans la pénible carrière où ils se trouvent, qu'au secours de l'agriculture à laquelle un plus grand nombre de bestiaux seront laissés au moyen de l'économie qui résultera de l'observation de ce carême civique .

« Après avoir entendu l'agent national, le Conseil général à l'unanimité des suffrages a délibéré que le carême civique des républicains de cette commune commencera le jour qui suivra la publication du présent arrêté attendu que la viande fraîche doit être désormais et jusqu'à nouvel ordre, la nourriture des deffenseurs de la patrie, secondement qu'il est deffendu à tous, bouchers et autres débitans de la viande fraîche comme bœufs et moutons d'en délivrer à qui que ce soit et aux citoyens d'en acheter, à peine d'être dénoncés comme suspects.

« Charge l'agent national de veiller à ce qu'il n'entre aucune espèce de viande fraîche dans la maison de récluzion établie en cette commune, et qu'il ny aura d'exception qu'en faveur des malades pour lesquels il sera justifié d'un certifficat de l'officier de santé, vizé par l'agent national, a été délibéré que la présente délibération sera solennellement publiée et affichée. Délibéré les jours et an susdits et ont signé les membres présents. »

On en conviendra facilement, cette institution était pour le moins singulière, et ce n'était vraiment pas la peine de remplacer par un autre le carême religieux que l'on venait de supprimer.

La Société populaire ne pouvait revendiquer la paternité de cette création : cette idée géniale venait en droite ligne de la capitale de la France, où elle n'avait pas eu beaucoup de succès. Les fêtes de l'Eglise furent également parodiées, et des solennités nouvelles instituées pour remplacer celles qui venaient d'être supprimées.

« Floréal, an II, (Mai 94). — Le Conseil général ayant reporté à cejourd'hui décadi la lecture, affiche et publication tant du rapport et décret de la Convention nationale du 18 floréal sur le rapport des idées religieuses et morales avec les principes républicains et sur les fêtes nationales que de la lettre du représentant du peuple Soubrany relative aux victoires remportées sur les espagnols par les armées de la République.

« Et la Société populaire ayant fait porter son vœu par les commissaires chargés par elle de se concerter avec la municipalité pour que la fête dédiée à l'Etre suprême et à l'Immortalité de l'âme soit célébrée avec toute la pompe qu'elle mérite, et qu'il soit fait une réjouissance en mémoire des victoires remportées sur les espagnols.

« Le Conseil général s'étant réuni dans le lieu de sa séance dès le matin a fait annoncer par un roulement de plusieurs tambours accompagnés d'un fifre, à tous les citoyens de se tenir prêts pour se rendre à une heure de relevée au temple de la Raizon, le commandant de la garde nationale et celui des volontaires stationnés audit Saugues-la-Montagne ayant reçu les mêmes invitations avec les autres authorités constituées établies en ce chef-lieu, le cortège s'étant formé s'est transporté au temple de la Raison, où se sont rendus à l'heure indiquée les citoyens et citoyennes, à tous lesquelz des commissaires chargés de le faire ont distribué des branches de chêne en forme de laurier dont chacun s'est orné, le maire monté en chaire a développé les principes qui devaient nous diriger dans la fête que nous celébrions, des hymnes patriotiques ont été chantés, un autre membre a fait lecture des décrets les plus intéressants et surtout de celui relatif aux volontaires qui ont dézerté, en invitant les père, mère et autres leurs parents de faire les recherches et de les faire présenter dans le délay prescrit devant les municipalités respectives.

« Ensuite, un jeune républicain de l'âge de onze ans, fils second du citoyen Boulangier, maire, est monté en chaire et a récité la déclaration des Droits de l'homme, l'assemblée satisfaite du bon exemple qui lui est donné par ce jeune républicain a arrêté que mention civique seroit faite dans le procès-verbal des heureuses dispozitions du jeune républicain.

« Ayant succédé des hymnes civiques en mémoire des victoires de nos armées toutes les authorités constituées et tous les citoyens et citoyennes munis de branches de laurier sont sortis au bruit des instruments et avec le plus grand ordre et sont partis dans les différentes places du chef-lieu, où sont élevés les arbres de la liberté où il a été fait une station pendant laquelle des hymnes civiques ont été répétés. Il a succédé des farandoles et ensuite un bal qui a été donné dans la salle de la société populaire qui s'est continué jusqu'à 10 heures de relevée et à 10 heures sur l'invitation qui a été faite au son de la caisse de la part de la municipalité, le chef-lieu a été illuminé, une farandole a été encore faite, et la fête et réjouissance a été ainsi terminée à onze heures du soir et de tout quoy a été dressé le présent procès-verbal qui a été signé par les membres présents le jour et an que dessus. »

Cette démonstration du jeune Boulangier semble bien inoffensive, et il serait peut-être téméraire d'en conclure à la sincérité des sentiments républicains de son père, Dominique Boulangier, qui, nous l'avons dit, cohabitait dans sa demeure avec le prieur de l'abbaye de Pébrac.

Ce n'était pas chose aisée que d'être, à cette époque, le premier magistrat de la ville. Le maire, sous la coupe des comités de salut public ou de surveillance, sous la pression des commissaires étrangers et des espions du district, sous l'impulsion désordonnée des énergumènes de la société populaire, avait sans doute beaucoup de peine à résister à la poussée du torrent formidable qui menaçait de tout envahir. Et, quelles que fussent ses convictions intimes, ce n'est guère que par des démonstrations extérieures (1), et par des concessions faites opportunément de concert avec le Conseil général qu'il pouvait donner un semblant de satisfaction aux idées démagogiques du jour. Il n'est pas douteux que s'il l'eût voulu et s'il eût cédé à l'entraînement, un plus grand mal se fut fait dans ce canton, et un plus grand nom-

____

(1) « Si le maire est républicain, c'est surtout en paroles, pour se couvrir, pour couvrir la commune, et parce qu'il faut hurler avec les loups. (TAINE. *La Révolution*, III, p. 324),

bre de têtes eussent été apportées à l'é-
chafaud. Il le dira lui-même, dans un
mémoire adressé plus tard (28 frimaire,
an VI, 16 déc. 1796) à un représentant
du peuple, pour se disculper au sujet de
certaines imputations calomnieuses.

« Je suis sûr que dans le témoignage
« des habitants de mon canton, il ne
« s'en trouveroit pas quatre qui ne
« rendissent justice complette à mon in-
« nocence, je pourrois dire qu'ils ne re-
« connoissent les constants et utiles ser-
« vices par lesquels j'ai préservé mon
« pays des excès que tant d'autres ont
« malheureusement éprouvés (1). »

On est donc obligé de reconnaître que,
quelques torts qu'il put avoir par ailleurs, ce maire pendant les longues et
pénibles années qu'il passa à la tête de la
municipalité, rendit au pays des services indiscutables et lui épargna des
malheurs qu'une main moins ferme ou
moins habile eût laissés se déchaîner
infailliblement.

(1) Documents personnels.

CHAPITRE X

Misère profonde, résultat fatal des circonstances. — Mesures diverses pour
y remédier. — L'affaire du bois du
Sap. — Arrêtés du district. —
Le maximum ; taxe des céréales en
novembre 1794. — La dépréciation des
assignats est cause que rien ne vient
au marché, et que les ouvriers se refusent au travail. — Nouveaux mouvements de rebelles, symptomes d'insubordination dans les campagnes. —
Envois de troupes ; aggravation de la
misère. — Récit d'une exploration sur
les bords de l'Allier.

Tandis que les douceurs de la farandole et la triste besogne d'une destruction sacrilège occupaient les esprits,
une profonde misère depuis de longs
mois régnait dans toute la contrée.

En 1789 et 1790, les intempéries n'a-
vaient pas permis aux récoltes ensemen-
cées de venir à bonne fin. Aussi le grain
manqua bientôt et ne put suffire à la
subsistance des habitants. Le Conseil
prit des mesures, mais vainement : la
ville de Brioude qui approvisionnait ce
canton, était elle-même dans la pénurie.

Par la suite des événements, la situation ne fit que se compliquer davantage. Bon nombre de terres, confisquées
et demeurées sans maîtres durant quelques mois, n'avaient pu être ensemen-
cées au temps voulu, de là une perte appréciable. D'autre part, dans la ville,
comme dans toutes les bourgades, la
création des gardes nationales, les exercices consécutifs, les parades réglemen-

taires, les marches, les perquisitions fréquentes, les détachements mis continuellement en réquisition, soit pour aller renforcer les volontaires en exploration, soit pour rehausser la pompe des solennités civiques célébrées au chef-lieu, faisaient perdre aux travailleurs le plus clair de leur temps. De même, les réunions incessantes du Conseil général, de la Société populaire, des Comités de salut public et de surveillance, occupaient les membres qui en faisaient partie, et les curieux qui, par civisme ou autrement, venaient assister à celles de leurs séances qui s'ouvraient au public.

C'est pourquoi les terres restaient en friche, et la misère ne faisait que s'accroître de jour en jour.

Que faire en l'occurrence? On chuchotait certains bruits plus ou moins dignes de foi. On parlait d'accaparements. On racontait que certains paysans cachaient leur grain pour le vendre plus cher, ou pour ne le céder qu'à leurs amis.

Le 13 juin 1793, le Conseil général décrète qu'il sera fait un recensement général du grain qui se trouve dans chaque commune.

Mais le recensement, s'il en régularisait la distribution, ne pouvait augmenter la quantité de céréales disponibles, de sorte que le Conseil, par un arrêté du 11 décembre, voulut en enrayer la déperdition :

« Sur l'abus qu'il se commet sur l'uzage des grains que plusieurs citoyens de la commune et du canton emploient pour engraisser des cochons, à un point plus qu'ordinaire, le Conseil arrête à l'unanimité que tous les citoyens qui ont des cochons gras, seront tenus de les mettre en vente ou les égorger. »

On réussit pourtant à créer certains approvisionnements temporaires, mais au prix de quelles mesures vexatoires !

Un arrêté du 11 floréal (30 avril 93), défendait de ne transporter ni grain ni farine avant le lever du soleil, ni après huit heures du soir. Les contrevenants étaient déclarés suspects.

Quelques jours auparavant, dans les bois du Sap, sur les confins de la Margeride, passait clandestinement, heure de nuit, un chargement de grains que trois chevaux conduisaient. Le conducteur surpris par un garde national, au lieu de répondre à la sommation qui lui était faite, prit la fuite pour se dérober, non sans avoir essuyé un coup de fusil qui l'atteignit sûrement. Une enquête fut faite, qui découvrit que le délinquant nommé Barrande, domestique au moulin de Fô, était allé se cacher chez son beau-père à Sauzet, commune de Venteuges. Quelle fut la suite de l'affaire ? On lit dans les registres, à la date du 16 floréal an V (5 mai 1796), que sur la pétition de la femme du nommé Barrande, réclamant à titre de secours, une indemnité pour les pertes occasionnées à son mari par les suites d'un coup de fusil qu'il reçut à la jambe, de la part d'un détachement de la garde nationale de Saugues, pour son emprisonnement et la confiscation de deux charges de grains à lui confisquées, pour cause d'infraction aux lois du maximum, le Conseil décide qu'il lui sera accordé un bon de douze francs.

Le 23 ventose (13 mars 1794), un arrêté du Conseil général décidait « qu'il serait refusé du bled à tous les ouvriers et manœuvres qui refusent de travailler le ci-devant dimanche ».

Les décrets et les arrêtés, en cette époque, comme d'ailleurs sous tous les régimes tyranniques, n'étaient pas autre chose que des machines de guerre dont on se servait surtout pour tourmenter ses adversaires.

Enfin, la pénurie devint si persistante et si profonde que les autorités locales durent faire appel au District.

Mais le District ne savait où donner de la tête, sollicité qu'il était par toutes les localités où régnait le même fléau. Le citoyen Guyardin, le délégué de la Convention, obligea les communes voisines de l'autre côté de l'Allier à fournir Saugues de grains, 22 prairial (10 juin 1794). Cette mesure n'eut d'effet que pendant quelques semaines et bientôt après il fallait recourir à de nouveaux arrêtés. Le Directoire du Puy émit des décrets multiples avec de terribles pénalités pour empêcher l'exportation des grains hors du département, — toute la France souffrait du même mal : — il fit renouveler le recensement de la quantité possédée par chaque habitant ; un émissaire fut même envoyé par les administrateurs qui, secondé par deux citoyens de la ville de Saugues, dût parcourir les campagnes et vérifier chez les paysans si la quantité de grains possédée ne dépassait point celle qui avait été déclarée. On peut juger de la longueur et de l'ennui que causaient aux indigènes ces mesures insolites. Bien plus, le District voulut obliger chaque commune à porter le superflu de sa récolte dans un magasin public, au chef lieu de canton.

Enfin, des réquisitions furent faites et les gros paysans taxés d'après l'étendue de leurs terres et obligés de porter au marché une quantité déterminée sous peine d'être déclarés suspects. Les pauvres gens souvent n'avaient point en leur grenier la quantité déterminée, et ne pouvaient, par suite, donner satisfaction à ces exigences, Enfin, on réquisitionna les grains des biens séquestrés des reclus et des émigrés, pour être mis en vente.

Mais le Conseil de Saugues, — craignait-il de voir retomber sur lui l'odieux de ces mesures ? — décida qu'il « serait observé à l'administration du District que l'emmagasinement du superflu des grains des cultivateurs du canton dans le chef-lieu serait la cause de troubles qui pourraient naître du concours de tous les manouvriers du canton.

« ...Ce canton ne s'est jamais suffi à lui-même, et a toujours été approvisionné par le Velay et par l'Auvergne... depuis la loi du maximum, nous avons éprouvé une pénurie générale... »

Cette loi du maximum fixait les prix extrêmes que l'on ne pouvait dépasser dans la vente des denrées nécessaires à la subsistance du peuple. Elle avait été créée pour toute la France. En diverses localités, à raison d'une disette plus profonde, elle dût être modifiée.

Le 28 Brumaire (18 nov. 94), les prix des grains furent ainsi fixés : Blé seigle à 6 livres le carton ; le froment à 6 livres 13 sols ; l'orge à 5 livres ; le ras (1) avoine à 2 livres 6 sols. Le bulletin en fut affiché partout, dans la ville comme dans les campagnes.

En 1790, les prix étaient les suivants : le seigle à 3 livres 12 sols le carton ; le froment 4 livres ; l'orge 3 livres, et l'avoine une livre 7 sols le ras.

Il faut en convenir, ces temps constituèrent pour nos pères une période bien

____

(1) Le ras était une mesure plus petite que le carton, spéciale au mesurage de l'avoine.

douloureuse. Il était si difficile de se procurer le nécessaire, le pain de chaque jour, au prix où se vendaient toutes choses, alors surtout que les bras ne trouvaient point à s'occuper, que le commerce chômait et que les industries diverses ne marchaient plus ! Et avec cela l'on vivait dans de telles angoisses, dans la crainte chaque jour renouvelée de se voir dénoncé, pour un propos que l'on n'avait pas tenu, pour un signe que l'on n'avait pas fait, pour une fête ou une farandole à laquelle on n'avait pas assisté. Et quand l'on avait cessé de trembler pour soi, on tremblait pour les siens, surtout si l'on avait dans sa famille quelque prêtre ou quelque religieux que les commissaires poursuivaient. On se défiait de ses voisins, on se défiait de ses amis et quelquefois de ses proches, la délation la plus infâme ayant été élevée à la hauteur d'une institution. Que ces heures de la Terreur furent longues à passer !

L'une des causes qui empêchaient l'approvisionnement régulier des marchés par les paysans, était la dépréciation considérable qu'avaient subie les assignats. Ceux-ci avaient cours forcé, depuis le 11 avril 1793, et le pauvre paysan, pour un bon sac de blé, ne recevait qu'un peu de mauvais papier.

Cette dépréciation se produisit graduellement : l'on n'avait qu'une médiocre confiance dans le crédit de l'Etat, d'autant plus que les émissions d'assignats reposaient sur la vente des biens nationaux confisqués aux nobles ou à l'Eglise, et l'on sait que ces biens ou n'avaient pu être vendus ou n'avaient atteint qu'un chiffre bien inférieur à celui que l'on espérait.

Les nations sont punissables tout

comme les individus, et si les individualités qui acquirent les biens de l'Eglise en furent punies tôt ou tard, l'Etat qui s'était d'abord injustement approprié ces mêmes biens ne tarda pas à trouver son châtiment dans cette colossale banqueroute que fut la dépréciation des assignats. Le bien mal acquis ne saurait profiter longtemps à son voleur.

Ces papiers ne disaient rien qui vaille à l'homme des champs qui ne connaissait que les espèces sonnantes, et préférait garder ses denrées. Aussi la dépréciation prit bientôt des proportions effrayantes : en 1793, l'assignat avait perdu 67 0/0 de sa valeur, et un papier de 100 livres n'en valait plus que 33. En 1795, un assignat de 100 livres ne valait plus que 18 livres, puis 2.97 et enfin 0.67.

Les conséquences de ce fait deviendront si désastreuses que le 7 prairial an III (22 mai 1795), le Conseil général de Saugues devra envoyer un commissaire au Puy pour demander remède à la nécessité créée dans le peuple par la démonétisation des assignats.

On comprend, en effet, qu'avec le maximum devenu obligatoire et le cours forcé du papier monnaie, les marchands ne pouvant plus établir leurs prix, restèrent chez eux ; les campagnards ne vinrent plus au marché, et écoulèrent secrètement dans les maisons des particuliers le beurre, les œufs et autres provisions qu'ils avaient coutume d'apporter. Là on les payait en numéraire, et au prix débattu de commun accord. On n'avait pas à craindre, en ce cas, la confiscation prononcée contre quiconque serait convaincu d'avoir acheté ou vendu au-dessus du maximum.

Les ouvriers refusaient de travailler

ou exigeaient des prix exorbitants, par cela même qu'on les payait en papier. Le 22 prairial (10 juin 94), on dut fixer le prix des journées des faucheurs. Quand sonna l'heure des moissons, bien que les récoltes fussent en minime quantité, les ouvriers manquèrent pour les couper. On sait pourtant quel prodigieux concours de journaliers s'entassent sur la place de Saugues la veille des moissons, et combien sont pittoresques ces groupes d'ouvriers portant sur l'épaule la faucille ligottée, sur le tranchant, d'un lien de paille. et tout au bout les hardes et les sabots de travail. Si épais et si abondants que soient les blés, on trouve toujours assez de bras pour les couper. En 1794, les moissonneurs firent défaut, et la municipalité dut écrire aux municipalités de Langeac, Chanteuges, Pébrac, les Chazes, Charraix, Monistrol et Vabres, pour requérir ceux qui étaient dans l'usage de venir à Saugues pour ce genre de travaux, 19 thermidor (1er août 1794).

Les fournisseurs de la troupe, payés eux aussi en assignats, se montraient revêches et cherchaient à décliner cette clientèle peu fructueuse. On dut dresser un tableau des bouchers chargés de fournir la viande aux volontaires et sur ce tableau furent inscrits, pour les fournitures à tour de rôle : Amand, Espeisse, Brunel, Gévaugues, et Ythier, 1er fructidor (18 août 1794).

L'approvisionnement du bois de chauffage pour la ville restait aussi en souffrance. Le rural préférait laisser ses arbres sur pied, plutôt que de les troquer contre des assignats dépréciés. Il fallut également en venir aux réquisitions, et ceux qui ne s'y soumirent pas furent déclarés suspects, 29 fructidor, an II

(20 septembre 1794). La pénurie et les difficultés multiples que l'on éprouvait pour les approvisionnements ne cessèrent que lorsque les assignats tombèrent complètement, c'est-à-dire en ventôse de l'an IV (février 1796).

Ce pays de Saugues, déjà si pauvre par lui-même, avait d'autant plus besoin de subsistances que le nombre de bouches à nourrir avait été appréciablement augmenté. On a vu qu'un foyer de contre-révolution s'était formé dans la Lozère et la région de la Margeride. Quelques rassemblements qui avaient eu lieu à Thoras avaient jeté l'alarme dans la municipalité de Saugues et excité les colères du district. Mais les brigades, de la Lozère, par la capture de quelques-uns des chefs, étaient parvenues à les dissiper. Au mois de mai 1793, Charrier, représentant de la Constituante, s'était mis à la tête d'un parti de rebelles d'environ 1.500 hommes, et s'était emparé de Marvejols, puis de Mende. De là il envoyait des sommations au nom de Louis XVII, et de Monsieur, régent du royaume. Le citoyen Martin « vint dé-« poser au Conseil qu'il avait été donné « aux habitants de Thoras une procla-« mation qui engageait les habitants, au « nom du roy et du régent de se rendre « à Saugues pour y renforcer l'armée « chrétienne et royale. »

Les bandes de rebelles s'accrurent encore par la suite, et devenues plus hardies, rayonnèrent dans les localités voisines et tentèrent des incursions jusqu'aux portes de la ville. Grande fut la colère de l'administration départementale. Les gardes nationales, soit de la ville, soit des communes voisines ne suffisant point à la répression de ces troubles, en attendant que les troupes du Puy-de-Dôme vinssent pacifier ces pays, l'on avait envoyé à Saugues même un nombre considérable de soldats volontaires, venus on ne sait d'où, qu'il fallait héberger et nourrir (1). Et cette charge, fort lourde par ces temps de disette, ne semblait pas devoir cesser de sitôt, car les brigands ne se montraient pas prêts à désarmer.

Leur présence et leur fréquentation avaient provoqué une certaine insubordination dans les campagnes, et cette insubordination, tacite d'abord, n'allait pas sans quelque mépris manifesté, une fois ou l'autre, quand les circonstances se présentaient, à l'endroit des patriotes sauguins.

Un jour, des citoyens de la ville étaient venus faire à Bugeac une collecte républicaine. Une neige abondante, dont la fréquence n'est point étonnante à cette altitude, avait couvert le sol et rendu les chemins méconnaissables à qui n'était point familière la topographie de cette localité. Nos républicains deman-

(1) Ces soldats étrangers se livraient dans le pays à des excès regrettables : « Aujourd'hui premier octobre « 1793, par devant nous J.-B. Martin, juge de paix du « canton et chef-lieu de la ville de Saugues, a comparu « le citoyen J.-L. Beraud, marchand, régisseur et hom- « me de confiance des citoyennes Cassagnes, veuve « Langlade et Langlade mère et fille du lieu de Beaure- « gard, lequel nous a exposé que le 22 septembre der- « nier certains citoyens de la garde nationale de la ville « du Puy en détachement à Saugues s'é ant rendus au « lieu de Beauregard et dans la maison des citoyennes « Langlade, ils y ont totallement dégradé les meubles ; « emporté quantité d'effets à elles appartenants ou à « leurs domestiques. Ils y ont bû tout le vin qu'elles « avoient dans leurs caves ou emporté de même que « toutes leurs danrées comestibles, emporté leurs titres, « papiers, terriers, lièves et plans géométriques en cette « ville de Saugues où ils les firent brûler au vû des « habitants, et que toute la volaille, au nombre d'envi- « ron deux cent cinquante têtes furent tuées et empor- « tées par les citoyens gardes-nationaux ». (Archiv. du greffe de Saugues).

dèrent leur route à un sabotier de l'endroit. Celui-ci les conduisit là où la neige était le plus épaisse, puis il les fit tourner de droite et de gauche par des voies qui n'étaient pas le bon chemin et après les avoir égarés, s'esquiva prudemment. Les patriotes, harassés de fatigue, une fois arrivés, dénoncèrent l'incivisme du sabotier : il fut déclaré suspect et décrété d'emprisonnement ; mais les bois étaient proches et il lui fut facile de narguer la colère des sans-culottes.

Les officiers municipaux du village de Thoras, en certaine occasion, avaient aussi montré peu de bienveillance pour les envoyés du conseil ; ils avaient de plus toléré des rassemblements antirévolutionnaires, et laissé célébrer ostensiblement la messe dans leur village. Le district décréta que ces officiers municipaux seraient déclarés suspects et qu'on dresserait une liste de leurs complices (1). Des troupes, gardes nationales

(1) Le 25 sept. 1793, le bétail de J. Vidal de Montrazon, accusé de pactiser avec les rebelles, est saisi et vendu sur la place de Saugues

Le 23 août, Jean-André Brajon du Pouget de Thoras, est arrêté et conduit à Saugues pour y subir un interrogatoire : « A répondu avoir entendu dire par plusieurs « personnes que trois ou quatre particuliers rouloient « dans ces environs de nuit ou de jour pour attirer dans « leur party tous ceux qui voudroient se joindre à luy... »

« A répondu avoir entendu dire que c'était pour aller « faire la guerre aux habitants de la ville du Puy et la « réduire à leur opinion. »

« ...Ayant été un jour au lieu de Montrazon dans la « maison de son oncle nommé Vidal, il y rencontra un « particulier nommé Prieur qui le prya de plus fort « d'être de ce parti en lui disant : M. Dapchier sera à « la tête, Larochenégli, Rochemure et le nommé Prouzet « de Coufinet, près Mareujol, doivent se joindre à nous, « que néanmoins il ne voulut pas adhérer, présumant « d'ailleurs que Dapchier ni Larochenégli ne pouvaient « pas y être, croyant qu'ils ont émigré depuis longtemps. »

« A répondu n'avoir pas assisté à la messe qui fut « célébrée vendredi dernier au lieu de Thoras... »

Le juge de paix le fait remettre en liberté.

et volontaires, furent envoyées dans cette région pour y mettre la main sur les rebelles, mais grâce à la connivence des habitants, les brigands se sauvèrent facilement. Un jour, la poursuite fut plus ardente et plus chaude, car des chefs notoires avaient été signalés, mais les patriotes en furent pour leur peine, et quelques-uns d'entr'eux furent même écharpés. Aussi le conseil de Saugues, à cette occasion, porta l'arrêté suivant :

« Pluviôse, an II (janvier 1794). — Les soi-disant scélérats Lacoste et Lafont dit Mouchet, ayant échappé par leur fuite à la vengeance des bons républicains qu'ils ont cherché à livrer à la fureur de leurs bandes infernales qu'ils commencent à recruter, ils seront brûlés en effigie sur la place de la Liberté. »

L'on décida en outre que, sur le bord des routes, les bois seraient abattus, de Saugues à Estours et à Monistrol, de Saugues à Thoras et à Grèzes, enfin sur tout le parcours de Saugues à Langogne, par le chemin de Fraissenet ou par la route d'Esplantas. Les brigands, en effet, dressaient facilement des embuscades sur la lisière des forêts, et là, tapis derrière un rocher, ou dissimulés derrière quelque gros pin ou dans l'épaisseur d'un taillis, ils guettaient au passage les patriotes et leur arrachaient les réfractaires surpris que l'on était en train de conduire en prison.

Les réfractaires étaient devenus fort nombreux et au lieu d'aller servir la patrie, ils préféraient se jeter dans les bois et porter le fusil avec les brigands pour qui ils constituaient un appoint très appréciable. Il n'est guère de village qui ne fournit un ou plusieurs déserteurs. Les commissaires, en ces jours là, rendaient les parents solidaires, en quel-

que sorte, de la désertion de leurs enfants et exerçaient sur eux des sévices
plus ou moins couverts par la loi. Ainsi,
à Fraissenet, le fils Dumas ayant déserté,
on arrêta que sa mère serait emprison-
née si on ne parvenait à le prendre
lui-même. 7 Messidor, an II (25 juin
1794).

D'autres fois les troupes régulières, au
retour d'une campagne infructueuse et
fatigante, faisaient essuyer leur mauvaise humeur aux habitants des localités
qu'ils traversaient. Le 16 floréal, an V
(5 mai 1796), le Conseil de Saugues recevra la demande de secours « de la femme
du nommé Dauphin de la Rouveyre
réclamant une indemnité pour la perte
de son mary qui fut impunément assassiné par le nommé Florent, gendarme, à
son retour de la poursuite des brigands
qui s'étaient manifestés à Grèzes, et qui
en mourant ne lui a laissé aucun moyen
de subsistance. » Le registre ajoute qu'il
est accordé à cette femme un bon de
douze francs.

D'autre part, deux commissaires furent
envoyés à Pradelles, pour agir de concert avec le comité de cette ville, afin de
se tenir au courant des manœuvres des
rebelles.

Ceux-ci avaient un gros de partisans
qui se dérobaient dans la région de l'Allier, et entretenaient des relations avec
le camp de Jalès, du côté de l'Ardèche.
Il leur était facile par Saint-Préjet et Vazeilles de se concerter avec ceux de Thoras. L'un des principaux chefs était M.
de Morangiés.

« 9 thermidor, an II (27 juillet 94). — La
municipalité, instruite par plusieurs personnes venues du Puy que des scélérats
réunis dans la maison de Morangiés du
Villard, avaient assassiné un gendarme

et se tenaient forts de leurs embuscades dans cette maison, et continuaient de tirer sur les patriotes.... le comité du Puy prévient la municipalité de Saugues qu'il avait arrêté de faire battre la générale pour réunir en masse les citoyens valides de la commune et se porter ainsi au lieu du repaire et partout où besoin sera. »

Le Conseil de Saugues exécuta, aussitôt reçus, les ordres du district. La troupe se réunit et partit en exploration : la délibération suivante nous raconte par le menu comment se passa l'expédition.

« Séance de la municipalité de Saugues-la-Montagne du 12 thermidor an II de la République française une et indivisible (30 juillet 94.) — Présents les citoyens Boulangier maire, Barrande, Beau, Torrent Jos., Torrent Alex., Coste, Court, officiers municipaux, Vernet jeune, agent national et Molinier, secrétaire greffier.

« Le citoyen Alex. Torrent, l'un des commissaires partis la nuit du 9 au 10 du courant avec la masse de la force armée de ce chef-lieu, prenant la parole pour rendre compte des opérations faites dans la course, a dit que le détachement dirigé par 7 membres du Comité, ayant pris la route de Monistrol, il fut fait perquisition au lieu d'Exclusel, dans des antres qui sont au travers des rochers et collines qui entourent ledit lieu. Cette perquisition n'ayant rien produit, la force armée a continué sa marche jusqu'à Monistrol, où étant le village a été de suite investi, et après en avoir de suite donné avis à l'agent national de la dite commune, avec l'assistance de ce dernier une perquisition a été faite qui n'ayant rien produit, les commissaires

tant de la municipalité que du comité se
sont réunis et s'étant concertés, trois
membres du Comité et neuf à dix gardes
nationaux se sont transportés à la commune de Privat-la-Roche (Saint-Privat),
pour annoncer l'arrivée de notre détachement et se concerter avec la municipalité sur les moyens à prendre pour
agir de conformité à ce que leur position pourrait exiger, les autres membres
du Comité et de la municipalité ayant
projeté, d'après les informations prises,
qu'il était nécessaire de battre les côtes
d'Allier et les villages de la commune de
Monistrol qui y sont situés. Le détachement a parcouru le hameau de Granjon
situé au milieu d'un bois, successivement les villages de Fraissenet, Fontane,
Douchanez, les Chastres et Ramenac, et
dans la ci-devant chapelle de Douchanès
située à l'écart du village, et après le
détachement s'est tenu en observation
sur les côtes d'Allier situées en perspective des villages dépendant du canton
de Privat-la-Roche. Le détachement
n'ayant fait aucune découverte s'est
rendu au lieu de Monistrol-d'Allier pour
se rafraîchir. A cet effet, les vivres que la
municipalité a fait arriver avec ceux
que la commune de Monistrol a fournis
ayant été distribués, et le résultat des
commissaires et gardes nationaux envoyés à Privat-la-Roche n'étant pas parvenus, des exprès ayant été envoyés et
n'ayant été de retour que le soir après
avoir annoncé que la municipalité de
Privat-la-Roche n'avait pas pu deviner la
marche qu'il y avait à tenir jusqu'à ce
que les commissaires quelle avait envoyés
à l'administration du district seroient
arrivés, et que cependant il était nécessaire de congédier les gardes nationaux
qui étaient capables de moissonner, cette

dernière opération ayant été faite le détachement a été stationné audit Monistrol. Le lendemain matin des commissaires qui avaient été envoyés étant de retour et ayant annoncé que la garde nationale du Puy et des membres de l'administration étaient arrivés à Privat-la-Roche, et nous donnant avis de faire avancer les volontaires qui étaient compris dans le détachement, pour se transporter de suite à Privat-la-Roche et que les gardes nationaux devaient se retirer dans leurs foyers, cet avis ayant été exécuté après que le détachement a été rafraîchi au moyen du pain, vin et fromage que la municipalité de Monistrol a fait fournir, les volontaires sont partis pour Privat-la-Roche et le reste du détachement a repris la route de ses foyers. Randus au-dessus du village d'Exclusel, des membres du comité ayant requis le passage du détachement dans les villages de Champels, commune de Monistrol, et successivement dans ceux d'Andreuge, Andrejolet et du Luchadou, commune de Saugues, il en a résulté qu'au lieu du Luchadou il a été trouvé une ci-devant religieuse travestie qui a été mise en état d'arrestation avec son frère Jean-Paul Auzerand, habitant dud. lieu du Luchadou, chez lequel; après perquisitions faites, les scellés ont été appozés par les membres du comité sur les papiers dud. Auzerand et certains autres effets soupçonnés appartenir à la ci-devant religieuze ont été renfermés dans un harmoire sur lequel le scellé a été pozé, et les deux individus en conséquence ont été conduits par le détachement et reclus en maison de réclusion de ce chef-lieu. »

« Ledit Torrent ajoutant que tous les vivres fournis par la municipalité de

Monistrol ont été payés par les commissaires de la commune de Saugues. Ledit citoyen Torrent ayant encore rapporté qu'ayant eu une explication avec les citoyens Lashermes et Montellier, administrateurs du district à raizon du payement des vivres de la force armée qu'il avait fait au lieu de Monistrol et du payement de l'étape à faire à la troupe à son retour à Saugues, indépendamment de la dépense déjà payée, les citoyens administrateurs lui ont répondu que la municipalité était authorizée à payer l'étape à chacun de ceux qui composaient la force armée, à raizon de 30 sols par tête sans distinction de grade, et ce outre la dépense faite à Monistrol et que l'administrateur du district feroit rentrer à la municipalité de Saugues les avances faites par elle.... »

Suivent les signatures des membres susnommés.

Ce ne sont pas les milices locales, gardes nationales ou autres, qui pouvaient avoir raison de ces mouvements contre révolutionnaires, il faudra qu'un représentant de la Convention envoyé en mission dans le Puy-de-Dôme, vienne avec des troupes régulières reprendre sur les rebelles les villes prises et assurer la paix par la capture ou la dispersion des révoltés.

CHAPITRE XI

L'administration départementale réclame une troisième fois les cloches.
— Destination des chapelles de la
ville et de l'église paroissiale. —
— Institution des foires et marchés.
— 9 thermidor, chute de Robespierre.
— Récit de la fête de l'Etre suprême. — Assassinat du gendarme
Guillot au Trauquet. — Colère du
district. — Envoi de troupes réparties dans tout le canton.

Que survivait-il encore des objets servant au ci-devant culte catholique ? Les
cloches, malgré les deux arrêtés déjà
pris et les instances de l'Administration
départementale, se trouvaient encore à
Saugues. La municipalité, dans un but
intéressé, avait laissé s'accréditer à leur
sujet une légende dont nous retrouvons
l'écho dans les délibérations de la municipalité de Cubelles (1).

(1) Aujourd'hui 28 septembre 1793, l'an second de la
République Française une et indivisible, nous maire,
officiers municipaux, procureur et conseiller général de
la commune de Cubelles dans le canton de Saugues, assemblés à la réquisition du maire dans le lieu ordinaire
de nos séances, par le maire, a été dit que lundi dernier
par ordre du citoyen Aulanier, commissaire du département de la Haute-Loire, quatre cloches que la commune avoit au clocher de Cubelles ont été conduites à
Saugues pour employer à telle uzage que l'administration trouvera à propos que sur la pétition verbale qui
fut faite au citoyen commissaire, il a fait espérer que la
commune lorsqu'elle auroit un curé il lui seroit remis
une des cloches qui sont au clocher de Saugues, que par
plusieurs personnes il a été vérifié qu'aucune des cloches qui sont à ce clocher ne peuvent être dessandues
sans que ce même clocher ne soit abattu ou cette cloche
mise en pièces, qu'il est cependant urgent et même nécessaire que la commune aye à sa disposition une cloche et un curé pour faire les fonctions dont ils ont été pri-
vés à leur regret depuis longtems ». (Registre de Cubelles).

Evidemment cette croyance, ou plutôt ce prétexte jusque là utilisé, que les cloches ne pouvaient être descendues sans être mises en pièces, ou sans que le clocher fût lui-même abattu, expliquait suffisamment leur préservation jusqu'à l'heure présente.

Mais une troisième sommation fut faite par le district et le Conseil appelé à délibérer sur le mode d'exécution de l'envoi, décida en attendant « d'envoyer « au Puy quarante livres des cordages « des cloches, le sacristain chanoine « ayant expolié ce qu'il y avait de « mieux.

« Un membre ajoute que depuis l'abattement des clochers et la descente des cloches nous avions suspendu leur envoi par l'incertitude si nous devions les faire arriver au Puy ou à Clermont, ce qu'il serait instant d'exécuter après la récolte levée.

« Sur quoy, l'agent national ouï, la municipalité a décrété qu'immédiatement après la récolte levée, l'agent national requerra la quantité de paires de bœufs nécessaires pour le transport à Langeac de douze cloches grandes ou petites provenant de divers clochers de notre commune. » 4 Thermidor, an II (22 juillet 94).

Comment s'y prit-on pour ne pas exécuter cette décision, l'heure venue, nous ne le savons pas. Ce que nous savons, c'est que les cloches de Saugues ne partirent pas pour la destination assignée, et que la fin de la Révolution les trouvait encore à Saugues, intactes et entourées du respect de la population. Il eut été bien dur aux chrétiens de voir s'en aller à tout jamais ces cloches dont la voix familière à leurs oreilles, faisait entendre aux jours de fêtes leurs notes joyeuses, et aux jours de deuil pleurait sur leurs morts et mêlait à leurs sanglots la tristesse de leur glas funèbre.

Les paroisses voisines, moins heureuses ou moins expédientes furent pour la plupart dépouillées de leur sonnerie. Les exigences des commissaires à leur égard furent plus pressantes, et peut-être ne surent ou ne purent-elles pas apporter en l'occurrence cette force d'inertie qui vint fort à propos au secours du Conseil général de Saugues. Le culte une fois rétabli, ces paroisses demandèrent au Puy quelques-unes des cloches que l'on n'avait pas eu le temps de détruire, l'administration départementale faisant droit à leur requête, leur acorda une ou deux cloches, qui ne furent pas quelquefois celles qui leur avaient jadis appartenu.

Ainsi Saint-Préjet-d'Allier possède une cloche qui avait été fondue en 1737, pour la paroisse de Saint-Rémy en Velay (1).

(1) Nous avons dit, p. 141 de notre *Monographie de la paroisse de Saint-Préjet-d'Allier*, que cette cloche avait été donnée, à l'église de Saint-Rémy, par Pierre-Joseph, marquis de Rochefort-d'Ally, baron de la Tour-Saint-Vidal, du Thioland, de Vergezac, etc., et par Irène de la Vaissière-Cantoinet, son épouse, qui en furent parrain et marraine. Leur fille unique, Henriette de Rochefort-d'Ally (héritière de son père et de ses deux oncles : Mgr de Rochefort-d'Ally, évêque et comte de Châlons-sur-Saône et le chevalier de Rochefort-d'Ally, seigneur du Thioland, lieutenant-général des armées du roi), fut mariée, le 3 septembre 1767, à Jean-Joseph marquis d'Apchier, comte de Besque-Charraix, seigneur de Saint-Préjet-d'Allier, Verdun, etc., baron de la Garde-Saint-Chély, Thoras, la Clause, etc., baron de Cénaret et des Etats du Languedoc, maréchal de camp, député de la noblesse aux Etats-Généraux, qui mourut en émigration et dont nous avons eu l'occasion de parler, p. 36.
La cloche de Saint-Rémy ayant été fidèlement rapportée et cachée au château du Thioland, pendant la Révolution, fut donnée, à l'époque du Concordat, par le marquis d'Apchier, fils des précédents, à la paroisse de Saint-Préjet-d'Allier, dont son père était seigneur ayant

Mais combien furent emportées, fondues et détruites à tout jamais, et combien de baies des clochers à jour de nos campagnes demeurent vides aujourd'hui, alors qu'autrefois chacune possédait sa cloche grande ou petite ! Cette pensée fait pousser aux archéologues de nos jours un soupir de sincère regret. Pourquoi faut-il que le vandalisme soit inséparable des révolutions ?

Les églises, à leur tour, après avoir été dépouillées, avaient été affectées à diverses destinations. La chapelle des Carmélites était le local choisi pour l'école où enseignait le citoyen Rouquet, nommé, au suffrage, instituteur de la ville. 11 Floréal (30 avril 94).

Celle des religieuses Ursulines servait de caserne pour les volontaires venus en garnison dans la ville ; la chapelle des pénitents était la salle des séances où venait siéger la société populaire

Enfin l'église paroissiale de Saint-Médard, à son heure érigée en temple de la Raison, avait été transformée en fabrique de salpêtre. A la tête de cette fabrication, était proposé le citoyen Bastier.

Les armées de la République parties pour faire face aux ennemis de la patrie, avaient incessamment besoin de munitions, et le salpêtre se fabriquait sur une vaste échelle.

A Saugues, par ordre du préposé à cette fabrication, les communes du canton étaient à tour de rôle mises à contribu-

1789, où il avait conservé lui-même des propriétés et en reconnaissance du dévouement que les habitants de Saint-Préjet-d'Allier avaient témoigné à son père et à son frère aîné pendant les mauvais jours de la Terreur. (Voy. *Monographie de la paroisse de Saint-Préjet-d'Allier*, par F. FABRE, pp. 136 et 141 ; et *Semaine religieuse* du diocèse du Puy, n° 22, 3 mars 1905, p. 351.)

tion pour fournir ce qui était nécessaire de buissons, d'arbustes et de branchages. Des envoyés allaient couper dans chacune d'elles les bois indiqués, et comme naturellement ils ne se montraient guère soucieux de l'intérêt des propriétaires et coupaient à tort et à travers, sans réserve ni mesure, les communes préférèrent s'acquitter elles-mêmes de ce travail.

En la cinquième sans-culottide de l'an II (21 sept. 94), le conseil de Saint-Christophe-d'Allier décide d'envoyer quelqu'un au citoyen Bastier, directeur des salpêtres à Saugues, pour le prier de n'envoyer aucun étranger dans la commune pour couper les buissons et arbustes : ils sont trop jaloux de le faire eux mêmes (1). »

Les gens de Cubelles avaient, eux aussi, pris la même détermination.

En Fructidor, an II (Août 94), le citoyen A. Boulangier fut nommé chef d'atelier du salpêtre, et Coste, Torrent et Beraud, commissaires pour surveiller les travaux.

Depuis le changement des noms et des subdivisions des mois, il n'y avait plus moyen de se reconnaître pour les foires et les marchés de la ville. La décade ayant remplacé la semaine et des mois nouveaux, dont il n'était pas très facile pour le peuple de retrouver ni le commencement ni la fin, étant substitués à ceux d'autrefois, les habitants des campagnes ne s'y retrouvèrent plus. Force fut au Conseil d'indiquer, par voie d'affiches, le jour précis où l'on voulait que fussent tenus les nouveaux marchés. Le conseil décide qu'il y en aura deux par décade,

____

(1) Registres de la municipalité de Saint-Christophe-d'Allier. Archives municipales de Saugues.

l'un plus important que l'autre. Le moins important se tiendra le primidi, c'est-à-dire le premier jour, et le second, le sextidi, c'est-à-dire le sixième jour. Il y aura, de plus, douze foires par an, tenues le 26 de chaque mois.

A cette occasion, on écrivit aux municipalités voisines et à quelques autres plus éloignées comme à Roche-Libre (Saint-Chély), pour leur demander de disposer leurs jours de marchés de façon à ne pas nuire au commerce de Saugues. Mais celles des villes voisines qui avaient déjà opté pour ces mêmes jours, à raison de la priorité de leur choix, ne voulurent point céder. Il fallut donc élaborer une nouvelle réglementation et le Conseil décida définitivement que le petit marché se tiendrait le duodi, le grand le septidi, c'est-à-dire le deuxième et le septième jour ; les foires étaient reportées au 27 de chaque mois.

On fit apposer mille affiches pour la publicité de ce changement, 29 fructidor, an II (20 sept. 1794).

Mais ces réformes devaient être caduques, et ces changements divers n'eurent point la durée qu'attendaient les auteurs de la suppression du calendrier catholique. Encore quelques jours, et les mois, et les semaines, et les divisions liturgiques d'autre fois vont supplanter les élaborations perfides des révolutionnaires, et reprendre la place d'où on avait voulu les chasser.

Les pires tyrannies ne peuvent durer toujours, et l'heure arrive, où par une loi fatale, les victimes opprimées s'unissent et parviennent, d'un effort commun, à jeter à bas ceux qui ne les dominaient que par suite de leur faiblesse, de leur frayeur ou de leur défaut d'union.

Robespierre, après avoir décrété et célébré la fête de l'Etre suprême, se croyait assuré du pouvoir incontesté, et se préparait à d'effroyables hécatombes et à de terribles vengeances contre les factions de la Convention qui n'étaient point tournées en sa faveur. Mais les événements n'allèrent point au gré de ses désirs, et le 9 thermidor (27 juillet 94), vaincu par la coalition de ses ennemis terrorisés, il fut décrété d'accusation et le lendemain exécuté sur l'échafaud où il avait envoyé tant d'innocentes victimes.

Un immense soupir de soulagement souleva toutes les poitrines : les massacres allaient s'arrêter, les échafauds allaient être renversés : la terreur était finie, au moins dans la capitale. Malheureusement il n'en allait point de même dans la province.

A Saugues, comme dans tout le département d'ailleurs, rien n'était changé et l'on y terrorisait de plus belle : en ces temps où les communications n'étaient ni rapides ni faciles, les événements passés dans la capitale ne pouvaient avoir leur répercussion dans la province qu'après un certain délai.

Les envois de commissaires faits par le directoire du Puy se succédaient sans intermittence ; on tenait tant à surveiller l'exécution des mesures de rigueur, et à réchauffer le civisme attiédi de ces populations !

C'est ainsi que le citoyen Montellier, administrateur du département, vient parader à Saugues, à l'occasion de la fête de l'Etre suprême.

« Séance du 24 thermidor de l'an II (11 août 94), de la République francoyze une et indivisible présents, Boulangier maire, Beau, Limousin, Coste, Court, Joseph Torrent, Alexandre Torrent, officiers municipaux, Vernet, second agent national, Molinier, secrétaire greffier.

« Un des commissaires chargés par la délibération du 16 thermidor pour exécuter les dispositions de la fête arrêtée par ladite délibération ayant pris la parole, a dit : « Citoyens, nous avons exécuté hier avec toute la pompe qu'il a été possible à nous une fête précieuse à touts les républiquains chargé par vous d'en suivre la direction, je demande que le raport que je vai en faire soit inséré dans la séance de ce matin pour tenir lieu de procès-verbail de la journée d'hier ce qui, l'agent national entendu a été accepté ; le même membre reprenant la parole a dit : Citoyens, il semble que tout a concouru à seconder nos désirs dans la solemnité exécutée le jour d'hier, le citoyen Monteillier, administrateur du district et commissaire nommé, sétant rencontré dans nos murs na pas peu contribué à embellir cette fête, les municipalités du canton suivi de leurs gardes nationalles en armes étant ariver dans la matinée sétant rangés sur la place de la Liberté, la garde nationalle de notre commune ainsi que la compagnie des volontaires du département du Lot étant soubs les armes depuis huit heures du matin, après le rapeil d'usage, toutes les authorités constituées sétant randues à la maison commune sur les dix heures, les gardes nationaux les étant venus prendre au son des instruments gueriers qui avaient fait retentir les airs le plus gai pendant la matinée, le cortège est parti de la maison commune à onze heures, les authorités constituées ayant à leur tête le citoyen Montellier, administrateur et commissaire, les rues et places de la commune pouvoit à peine contenir le concours des citoyens et citoyennes que l'annonce de cette fête avait attirés dans nos murs, la première marche ayant été autour de cette enceinte la première station a été à la place de la Liberté devant l'autel de la patrie où des chants civiques entonnés ont retenti au loin par la répétition d'un peuple nombreux auquel il a été annoncé par le citoyen Montellier le sujet de la fête avec invitation à tous de se rendre au temple dédié à l'Eternel pour y entendre des discours instructifs et profiter d'une morale si utile surtout aux citoyens agricoles depuis si longtemps trompés et opprimés par tous les genres de despotisme.

« Le concours s'étant rendu en ordre au temple, les chants civiques ont rempli l'intervalle nécessaire pour la réunion de plus de quatre mille personnes qui ont donné la plus sérieuse attention aux discours et exortations patriotiques que plusieurs membres des autorités constituées ont successivement prononcés et parmi lesquels celui du citoyen Montellier a fait les plus vives impressions tant par l'intérêt qu'a inspiré l'histoire de la Révolution depuis 1789 jusqu'à ce jour qu'il a dévelopé avec le caractère et la précision d'un vrai soutien de cette révolution que par la pureté de la morale qui a suivi les époques frapantes de notre Régénération. La Rénovation du serment de vivre libre ou de mourir a terminé les instructions fraternelles et touts les vrais républiquains ont vraiment joui de lantousiasme avec lequel le peuple agricole a renouvelé ce serement. Le citoyen Montellier a rappellé aux authorités et au peuple les dispositions de l'arrêté du citoyen Borie, représentant du peuple du onze thermidor dernier, en leur faisant sentir la néces-

sité de ne pas s'exposer aux peines por
técs contre ceux qui ne rempliront pas
les mesures de prévoyance qu'il ordonne,
et attandu qu'il était 2 heures le cortège
est sorti dans le même ordre qu'il était
venu après avoir annoncé qu'on allait
faire une seconde station à l'autel de la
patrie après laquelle chacun se sépare-
roit pour aller prendre les aliments nécessaires et que l'on se réuniroit à 4 heures précises à la place de la liberté pour
finir de passer la journée dans la joie, ce
qui a été effectué.

« A quatre heures touts les citoyens
et citoyennes sétant rendus sur la place
de la Liberté ou avoit été dressé d'après
votre arrêté susdaté une table autour de
laquelle couloit une fontaine de vin où
chacun venoit sobrement étancher la
soif que lui avait procurée le plaisir et
la dance, la farandolle a été répétée plusieurs fois autour du chef-lieu (*sic*), tout
le peuple divisé par groupe se réjouis-
soit à l'envi les uns par des concerts, les
autres par la dance, le vieillard especta-
teur jouissoit de cette fête, l'arivée du
courrier ayant suspendu pour un instant
le plaisir pour entendre la lecture des
papiers nouvelles qui a été faitte sur la
place, la continuation de nos armes a
excité les acclamations les plus bruyan-
tes suivi des cris de vive la République
périssent les tirans de toute espèce, le
plaisir et la joie se sont prolongés jusqu'au déclain du jour ou le grand concours se retire avec calme et tranquillité les membres composant la société
populaire de cette commune s'étant
rendu au lieu de leur séance, la jeunesse
a été passer le reste de la soirée à un
bal qui avait été annoncé. Fait et clos,
les susdits jour et an, et ont signé les
susdits membres présants avec le ci-

toyen Montellier, administrateur commissaire. »

Cependant, à travers ces réjouissances,
l'on se trouvait toujours aux prises avec
les plus grandes difficultés pour les approvisionnements soit des troupes, soit
de la ville. Par arrêté du district, les
communes voisines avaient été mises en
réquisition à tour de rôle pour apporter
au marché les subsistances nécessaires.
Le 29 Brumaire (19 nov. 94), il fut cons-
taté que Chanaleilles et Rive-d'Ance
(Saint-Préjet), étaient celles qui avaient
fourni le moins d'approvisionnements,
et en conséquence le brigadier Joly fut
dépêché vers cette dernière pour renouveler les réquisitions ordonnées.

Les registres de la municipalité de
Saugues racontent ainsi son retour.

« Aujourd'huy vingt-neuf brumaire an
III (19 nov. 94) de la République Fran-
çaize une et indivisible en maison commune à Saugues est comparu le citoyen
Joly brigadier de la gendarmerie stationnée en cette commune de Saugues lequel
nous a exposé que à son retour de Rive-
d'Ance (Saint-Préjet) où il avait été requis
d'aller avec un autre de ses gendarmes
pour requérir les subsistances dont la
municipalité dud. Rive-d'Ance avait
négligé de pourvoir notre dernier marché au mépris de la réquisition que la
municipalité de Saugues lui avait fait
en vertu des arrêtés du directoire du
district du Puy des vingt-neuf vendémiaire et cinq brumaire courant, et me-
nant au Puy avec eux un déserteur qu'ilz
avaient surpris à lentrée du village de
Rouzeirès, commune dud. Rive d'Ance, et
qu'en passant au Trouquet, à un quart de
lieue de notre commune, entour l'heure de
six de relevée, ils ont été assaillis d'une
fusillade à laquelle lui Joly n'a point ré-

sisté de donner l'essor audit déserteur, en criant à son camarade Guilhot de ther-cher son salut dans la fuite, vu qu'il était fort noir, et qu'en parlant ainsi il a entendu ledit Guilhot criant : « Mon brigadier, je suis mort.» Ajoute qu'avant d'entendre ce dernier mot de son cama-rade il a entendu l'un des assassins dire en français : « Les bougres ont été man-qués ». Et comme le cheval dudit Guil-hot l'a suivi il est à craindre que Guil-hot ne soit mort ou blessé, et qu'il était instant dans ce dernier cas de le soulager.

« Sur quoi la municipalité après avoir ouy l'agent national a de suite délibéré que le commandant de la garde natio-nale serait invité de faire batre la géné-rale à l'instant ce qui a été fait de suite ; la générale batue, le citoyen juge de paix la municipalité en corps ayant été suivis de toute la garde nationale ayant à sa tête son commandant ayant été à lendroit où les scélérats embuscadés ont comis le plus noir assassinat sur la personne dudit citoyen Guilhot gen-darme de la brigade stationnée en cette commune ou nous lavons trouvé mort à sept heures et demi du soir, lenleve-ment du cadavre a été fait par le juge de paix et porté à la ci devant église des religieuzes ou louverture du corps vic-time de la scélératesse sera faite. De tout quoi a été dressé le présent procès-verbal que le Conseil général de la com-mune a délibéré d'envoyer de suite extrait aux administrations du district et comité révolutionnaire près le district du Puy, étant les membres présanz si-gné avec ledit citoyen Joly led. jour et an. (1) »

____

(1) Le danger couru dans cette mésaventure suggéra de prudentes réflexions au brigadier Joly, qui, si nous

Trente hommes furent sur-le-champ
envoyés à la poursuite des assassins, tandis qu'un exprès apportait au Puy le
présent procès-verbal.

L'annonce de cette nouvelle excita,
auprès du district la plus vive indignation. Eh quoi! l'on ne viendrait donc
jamais à bout de républicaniser ce canton! Les patriotes seraient donc toujours
les victimes de ces rebelles irréductibles!
C'est cette fois qu'il fallait sévir sans
merci. Et dans une malédiction commune furent englobés Saugues, Croisance et Saint-Préjet. Ecoutons l'arrêté
du district du Puy :

« Considérant que la voye publique
désigne depuis longtemps les municipalités de Rive-d'Ance, Croisances et autres
du même canton pour être le repaire
de plusieurs contre-révolutionnaires et
qu'ils voient très souvent les scélèrats
Morangiès, le ci-devant curé de cette
commune et autres leurs complices,
que dans la première deux hommes ont
été assassinés, et dans la seconde, un...;
le Conseil arrête :

en croyons le document suivant, aurait demandé à quitter ce poste périlleux :

« Liberté, Egalité ou la Mort.

« Citoyen maire, je viens d'apprendre par plusieurs
citoyens de votre commune que j'avés été proposé pour
remplacer le citoyen Joly; je ne sais si Joly doit titter
votre commune pour aller alieurs, pour autre place. Si le
cas est je viens par celle ici vous prier que vous vouliez
bien faire votre possible auprès de vos concitoyens pour
les engager à me nommer et de mon côté si j'ait cet
avantage je vous promet de remplir ce poste avec autant de patriotique d'inteligence (*sic*) et de probité que
mon poste exigera de moi... si vous juger à propos que
je me rendit à Saugue je demenderai une permission
pour y aller j'en ai prévenu mon capitaine pour qu'il
veuille bien sintéresser pour moy auprès du réprésentant et des autres supérieurs.

« Salut et fraternité.

« Anthiome, gendarme à la brigade de Langeac, ce
3 ventôse an III de la République. »

(Document personnel).

« Art. I. L'arrêté du citoyen Borie sera mis à exécution sur les personnes du maire, agent national, et dix plus fort cottisés des communes de Rive-d'Ance et de Croisances.

« Art. II. L'agent national et les dix plus fort cottisez de la commune de Saugues se rendront sans délai près de l'administration, pour y rendre compte de leur conduite.

« Art. III. La compagnie de volontaires stationnée à Langogne se rendra à Rive-d'Ance, celle du Monastier à Saugues. » 3 frimaire, an II, (23 nov. 94).

On verrait bien si la présence de ces troupes ne finirait point par pacifier ces sauvages communes et assurer la sécurité des bons citoyens. L'on ne s'était donc donné tant de peine pour inspirer le civisme patriotique et l'amour de la République à ces habitants que pour aboutir à ce triste résultat!

En conséquence, les volontaires de Langogne et du Monastier, sur l'ordre donné, se mirent en route pour le canton de Saugues. Ils étaient au nombre de 200.

Deux cents bouches de plus à nourrir, alors qu'une profonde misère étreignait déjà ce pauvre pays! La ville, évidemment, ne pouvait, à elle seule, fournir à la subsistance des nouveaux venus, aussi la municipalité, de concert avec le citoyen Brunel, a délibéré « que les posi-« tions les plus avantageuses pour sur-« veiller les scélérats qui souillent notre « canton sont les communes de Monis-« trol, Rive-d'Ance, Thoras et Chanaleil-« les, qu'en conséquence, les 200 hom-« mes de volontaires doivent être répar-« tis, savoir : 40 à Saugues, 40 à Monis-« trol, 40 à Rive-d'Ance, 40 à Thoras et « 40 à Chanaleilles. » 14 Frimaire (4 décembre 94).

C'était une manière habile pour la municipalité, de s'éviter des frais de nourriture et de logement, car l'on a vu que les dépenses occasionnées pour la répression des révoltés étaient supportées par les communes respectives où se trouvaient les rebelles. Saugues n'était pas fâché de se décharger sur les municipalités voisines d'une partie de ce lourd fardeau.

Mais ce n'était pas assez de ces deux cents hommes ; douze jours après, le 26 frimaire, arrive encore un bataillon de Phocéens.

Où le placer ! Comment le loger et le nourrir ?

Réflexion faite, on décide d'envoyer 27 hommes à Venteuges ; 25 à Grèzes ; 16 viennent à Vazeilles ; 24 à Saint-Christophe et à Saint-Vénérand, 15 à Esplantas et 21 à Cubelles.

C'était là un canton désormais bien surveillé. Mais aussi quelle misère allait résulter de l'arrivée de ces nouveaux venus ! Comment ces pauvres paysans qui avaient à peine du pain noir pour eux-mêmes pourraient-ils rassasier ces estomacs affamés ?

Le Conseil de Saugues « décide que les commissaires demanderont à l'administration un secours en légumes dont les communes du Velai ont entièrement supprimé l'importation dans nos marchés. » 26 Frimaire (16 déc. 94.)

Si les secours demandés arrivèrent, nous ne le savons pas, mais nous savons que la famine produisit dans l'effectif de ces troupes une singulière diminution :

« Dans la séance du douze Nivôse, an III (1er janv. 95) de la République, s'est présenté le citoyen André Nicolas, capitaine de la troisième compagnie du 1er bataillon des Phocéens, et commandant du détachement stationné à Monistrol qui se portoit à trente hommes effectif, et nous a déclaré que son détachement se démembrait tous les jours par la désertion des volontaires dont le nombre se trouve réduit à huit hommes. En conséquance, il a demandé que la municipalité se déterminât à fermer dans notre commune ou ailheurs le dernier nombre de volontaires qui lui restent afin que le mieux être et une surveillance plus exacte prévissent désormais une pareille désertion.

« Le corps municipal assemblé, après avoir ouï l'agent national a arrêté qu'ils seroient placés dans les cazernes de notre commune. Délibéré led. jour et an, presans Boulangier, maire ; Lion, Vernet, Bau, Barrande, Beraud, agent national et Molinier, secrétaire (1). »

La présence d'un si grand nombre d'hommes sous les armes avait eu bientôt fait de produire les effets inévitables d'une semblable agglomération, à une époque de pénurie comme celle que l'on traversait. Le 13 Nivose (2 janvier 1795), le Conseil général de Saugues « demande la suppression des troupes de volontaires qui finissent d'affamer le pays et la réduction du nombre des hommes qui sont actuellement sous les armes. Il nomme les citoyens Boulangier et Lavalette pour aller auprès du citoyen Pierret, représentant de la Convention Nationale, actuellement au Puy, lui exposer les doléances du Conseil général. »

(1) Document personnel.

CHAPITRE XII

La réaction commence a s'accentuer a
Saugues. — La population et le conseil demandent la liberté de reprendre l'église paroissiale pour l'exercice du culte. — Certificat en faveur
de M° A. Prolhac, ci-devant curé de
Saugues. — Opposition de l'administration départementale aux vœux du
conseil de Saugues. — Arrêté tyrannique. — Nouvelle délibération. —
Les cérémonies du culte sont reprises
dans les paroisses voisines.

La réaction consécutive au 9 thermidor
commence enfin à se faire sentir dans
les régions éloignées de la capitale,
comme l'était le pays de Saugues. On
constate une sorte de détente dans les
rigueurs dont nos concitoyens étaient accablés sans intermittence, et l'on sent un
refroidissement caractéristique dans ce
fougueux enthousiasme dont les plus
exaltés semblaient faire parade à l'égard
de la Révolution. On se l'était forgée si
belle cette révolution, et voilà qu'elle
finissait dans la pire des tyrannies,
voilà que ses pieds depuis longtemps
déjà baignaient dans le sang ! Cet élan
vers un idéal si pur et si beau finissait
donc dans une déplorable désillusion !
Cette expérience n'avait donc pas
donné les résultats heureux que l'on attendait ! Les yeux des moins clairvo-
yants, ainsi que des plus enthousiastes,
avaient fini par se dessiller et s'ouvrir à
la réalité des faits. Aussi la municipalité
ne recevra plus de ces lettres véhémentes
pour stimuler son zèle et son civisme
attardés ; la Société populaire depuis lors

supprimée ne fera plus entendre ses
motions violentes et ses vœux sinistres
qui jetaient l'effroi dans tous les cœurs.
Les clameurs furieuses de la haine vont
se taire, comme se taisaient, sous la me-
nace, les malheureuses victimes. Aux
heures de violent orage, lorsque la fou-
dre gronde et que l'éclair sillonne la nue,
dans la nature entière tout ce qui vit et
tout ce qui se meut se recueille dans un
profond silence et attend avec angoisse
la fin de cette perturbation des éléments.

Cette détente, dans le département,
coïncidait avec la venue du représentant
Pierret, plus humain que son prédéces-
seur le citoyen Guyardin.

Le citoyen Lobérie, détenu dans les
prisons de la ville est mis en liberté par
décret de la Convention Nationale, 5 frimaire (25 nov. 94), le citoyen Auguste
Beraud condamné à la prison par con-
tumace et appréhendé depuis, est également rendu à la liberté. La famille Milhet, dont le fils Dominique, âgé de
29 ans, était émigré, reçoit du Conseil un
certificat de civisme.

Il n'y aura plus désormais de suspects
et chacun pourra manifester à son aise
ses sentiments personnels. Aussi la mentalité religieuse des habitants de Sau-
gnes, dont l'expansion extérieure avait
été si longtemps et si durement compri-
mée, va se donner libre carrière par des
manifestations non équivoques, qui ont
leur écho jusqu'au sein du Conseil général.

« Séance du Conseil général du 25
ventôse, troisième année républicaine
(15 mars 95) »

« Présents, les citoyens Dominique
Boulangier, maire, Bau, Lion, Jos. Torrent, Bonhomme, Chambon, Allé, Lava-

lette, Gévaudan, du Meynial, Martin, Bascle premier, Regourd, Sauvans, notables, Beraud,agent national, Molinier, secrétaire.

« Un membre ayant exposé que d'après la loi du 3 ventôse courant qui établit le libre exercice du culte religieux, le désir du peuple de notre commune devient tous les jours plus vif pour jouir du bénéfice de cette loy et que les moyens d'exécution sont si difficiles faute de prêtres qu'une foule considérable s'est portée ce matin quoique avec beaucoup d'ordre et de tranquillité pour engager le sieur François Guilhaume Boulangier,prêtre infirme et reclus dans led. hospice à lui donner la messe, ce qui a été exécuté à la satisfaction du grand nombre qui se sont introduitz ou qui sont restés dans la court dudit bâtiment, que cette démonstration annonce la nécessité de prendre les mesures les plus promptes pour pouvoir exercer le culte qui seul a été de tout temps en uzage dans notre commune.

« Sur quoy le Conseil général considérant que l'aliment de l'âme peut adoucir les inquiétudes occasionnées par la médiocrité de ceux du corps.

« Considérant encore que les différents rassemblements anxquels peut donner lieu l'exercice du culte dans des maisons peu vastes pourront occazionner quelque événement fâcheux.

« A arrêté, après avoir ouï l'agent national, qu'il sera envoyé des commissaires tant auprès du citoyen représentant que des administrateurs supérieurs, lesquels commissaires sont autorisés à faire toutes pétitions et demandes.

« 1º Pour que le culte religieux puisse être exercé dans l'édifice national cydevant Eglize paroissiale, sous l'offre de

le prendre à loyer par des particuliers
individuelement de conformité à la loy
jusqu'à l'époque de l'adjudication défi-
nitive.

« 2° De solliciter la mise en liberté des
sieurs Boulangier et Bonhomme cy devant chanoines, infirmes et reclus, le
premier dans la maison d'hospice, et le
second chez sa nièce pour que led.
Bonhomme et Boulangier ayent la liberté
autant leurs infirmités pourra le per-
mettre de donner la messe au peuple qui
pourra l'entendre sans inconvénient et
sans danger dans l'édifice qui servait
jadis d'Eglize.

« 3° De faire aussi telles démarches
requizes pour retirer de l'obscurité certains autres prêtres qui n'ayant eu contre eux que l'opinion religieuze qui les
a éloignés du serment prescrit par la
loy procureroit au public un secours essentiel pour l'exercice de son culte sans
que le Conseil général puisse craindre de
leur apparition, rien de préjudiciable à
la chose publique.

« Les citoyens Lavalette notable et le
citoyen.... ont été nommés commissaires avec offre de les indemnizer de frais
de voyage et séjour.

« Sur la réquisition de l'agent national
qui a expozé que l'édiffice national autrefois église paroissiale se dégrade jour-
nelement, et menaceroit d'une ruine
prochaine si on ne s'empresse de réparer plusieurs brèches ou écoulementz
occazionnés par la fonte des neiges et la
pluye continuelle qui a miné dans plusieurs parties des murs, principalement
du côté du Nord.

« Sur quoy le Conseil général considérant que le moindre retard dans les réparations urgentes pourrait entraîner la
perte de cet édifice, ou du moins occa-

zionner dans la suite des réparations plus considérables.

« A arrêté de faire dresser à l'instant par le citoyen Durant, maçon et Paulet charpentier, appelés à cet effet un devis des réparations nécessaires pour la conservation dud. édifice avec la valeur des ouvrages pour d'après leur rapport être fait auprès des administrations supérieures, les démarches et pétitions propres à faire obtenir les fonds nécessaires pour fournir aux réparations..............

« En conséquence, le Conseil général ouï l'agent national a nommé lesdits commissaires à l'effet de se transporter au Puy, lesquelz demeurent chargés d'y faire les pétitions et sollicitations commandées par les circonstances.

« Demeurent aussi chargés lesd. commissaires de soliciter tant auprès des administrations que auprès du directeur du droit d'enregistrement les ordres nécessaires pour employer aussi en réparation la somme de cent cinquante livres dans chacun des autres édifices nationaux de notre commune qui sont au nombre de trois, savoir la maizon des ci devant religieuzes servant de cazerne, celle des ci devant carmélites, servant pour l'instruction publique, et celle des cidevant pénitents servant de salle à la société populaire, lesquelles réparations sont indispensables à chacune desd. maisons pour empêcher leur dégradation. »

« Attestation pour le cit. Prolhac cidevant curé de Saugues.

« Séance du Conseil général de Saugues du 25 ventôse an III de la république...

« Dans la séance se sont présantés les citoyens Joseph Bascle, J. Portal, Laurent Chassain, Guill. Brunel, Ant. Bru-

nel, Dominique Cédat, Jos. Martin, Louis
Solignac, Joseph Fraisse et Auguste Molinier, tous de cette commune de Saugues, lesquelz ont individuellement déclaré qu'il est de leur plaine connaissance que le citoyen Ant. Annet Prolhac,
ci devant curé de Saugues partant pour
l'Espagne muni d'un certifficat que la
municipalité lui délivra de conformité à
la loi du 17 août 1792, se trouva malade
sur sa route, revint sur ses pas, que depuis cet époque il a constamment rézidé
presque toujours valétudinaire, caché
dans les différentes campagnes de cette
commune, pour lavoir très fréquemment
rencontré, qu'il est encore de leur parfaite connaissance que led. sieur Prolhac na cessé de prêcher la paix et la
tranquillité dans les différents lieux de
ses retraites de laquelle déclaration et
attestation les certiffians ont demandé
acte et linscription d'icelle sur le registre ce qui leur a été accordé et ont signé
avec les membres présans.

« Sur la demande faite par la citoyenne
Labretogne dite de lair au conseil général qu'il voulut accorder un certificat
constatant que le sieur Ant. Annet Prolhac ci devant curé de Saugues pendant
le temps qu'il a rempli les fonctions de
curé a toujours mérité lestime et confiance de ses concitoyens et quil na contre luy la restriction insérée dans le serment qu'il a prêté le 20 févr. 1791, en
exécution de la loy quant au spirituel,
ce qui a été adopté après avoir ouy l'a-
gent national.

Suivent les signatures des conseillers. »

La facilité avec laquelle on retrouve le
ci-devant curé de la paroisse ne semble-
t-elle pas indiquer que le Conseil n'ignorait point sa présence dans le voisinage

et peut-être même le lieu précis de sa retraite ?

Le ci-devant chanoine Gabr. Boulangier qui, aussitôt que l'invitation lui en est faite, célèbre la messe devant le peuple assemblé dans la chapelle de l'hospice, n'était donc pas dans cet état de fatigue, et dans cette crise aiguë si minutieusement décrite dans un précédent rapport.

Il était bien osé, le Conseil de Saugues de venir demander au Puy des secours pour la réparation de l'Eglise et des chapelles ! Le moment était vraiment choisi alors que les coffres de l'Etat étaient à sec, que les assignats n'avaient aucune valeur et qus les armées de la République parties à l'étranger exigeaient pour leur entretien le plus clair des ressources de l'heure présente !

Aussi, ou reçut-il un refus formel, ou encore, après réflexion faite, comprit-il que sa requête n'avait aucune chance de succès, le Conseil dans sa réunion suivante, 1er germinal, an III (21 mars 95), modifia la rédaction de sa délibération.

Dans cette nouvelle séance, le citoyen Bascle prend à sa charge les réparations à faire à la ci-devant église paroissiale « moyennant qu'on lui accordera, à lui « et à ceux qui l'assisteront, la faculté « de faire exercer provisoirement dans « led. édiffice l'exercice du culte auquel « ils sont attachés. »

Le Conseil, à l'unanimité, concède provisoirement ledit édifice pour l'exercice du culte religieux. On décide que la présente délibération sera envoyée au district pour recevoir l'approbation voulue. De fait, le procès-verbal, daté du 3 courant, fut aussitôt expédié au Puy à ces intentions.

Mais il arriva ce à quoi nos bons Sauguins ne s'attendaient pas :

Cette délibération, bien inoffensive par elle-même, déchaîna des tempêtes :

« Séance du Conseil général du 15 germinal, troisième année républicaine, (4 avril 95).

. . . .

« Le Conseil général de la commune de Saugues, après avoir entendu l'arrêté du district du 9 courant, arrivé hier, 14, par la voye du juge de paix, a été d'autant plus surpris de la fausse interprétation donnée au motif de la délibération du Conseil général du 3 du même mois, qu'il a été arrêté sur la réquisition de l'agent national de développer séance tenante le motif de cette même délibération en détruisant dans l'esprit de l'administration les raizons qui ont donné lieu tant aux considérans qui précèdent l'arrêté, qu'à l'arrêté lui-même.

« Les griefs reprochés par l'administration du district au Conseil général de notre commune sont :

« 1º Une infraction à la loi du 3 ventôse dernier, relative au libre exercice des cultes religieux. En accordant contre les dispositions de l'art. 3 de la loi, la faculté d'exercer le culte dans un édifice national.

« 2º Davoir par dérizion soumis lad. concession à l'approbation du district et finalement davoir souffert que des menaces fussent prononcées audacieusement et publiquement de marquer d'un fer chaud au front ceux qui ne fréquenteroient pas la maison du culte.

« Le Conseil général répond au premier chef qu'après avoir mûrement examiné l'article de la susd. loi, portant que la nation ne fournit aucun édifice pour le culte, il a parfaitement senti qu'aucune portion du peuple ne pouvait à titre gratuit ny s'emparer ny céder le bien de la nation, mais que par une suite de la surveillance confiée aux municipalités la nôtre ayant trouvé l'occasion d'améliorer l'édifice dont il s'agit, en acceptant l'offre d'un particulier d'en réparer les dégradations, moyennant qu'il lui fût permis d'exercer son culte jusqu'à ce que auroit été procédé aux baux de ferme ou d'adjudication, crut devoir saizir une propozition qui, par une réparation montant à plus de deux mille livres, produiront à la nation le centuple du prix de ferme qui pouvoit être tiré de cet édifice pour le court intervale auquel pouvoit être réduite la concession qui n'étoit que provizoire, et jusqu'à l'époque où l'administration du district la feroit louer ou vendre, ce qui pouvoit arriver dans un mois ou plus tôt. Le Conseil général est si éloigné d'enfreindre la loi que sans avoir reçu la réponse de l'administration, sur l'avis qui lui fut donné par le citoyen Costet, accuzateur public par une lettre datée du huit, arrivée le 12 de ce mois, il raporta par sa délibération dud. jour douze courant la concession provizoire accordée le trois, et fit passer à l'administration du district extrait de sa délibération.

« Sur le second chef, le Conseil général répond que les réparations qui étoient le prix de la concession provîzoire devant encore augmenter la valleur locative et réelle de ce bâtiment bien loin de craindre la censure des administrations supérieures, il ne soupçonna pas la moindre dificulté possible dans l'approbation, mais par le droit de la hiérarchie et son exactitude à la suivre, la délibération porte qu'elle seroit envoyée à l'administration du district pour recevoir son aprobation ; cet acte

au lieu de porter aucun caractère dé-
rizoire, na avec l'empreinte du respect
que nous ne cesserons de porter envers
l'autorité supérieure que la confiance
entière d'avoir servi utilement la caisse
publique et l'intime persuasion d'être
approuvé d'après l'expérience de l'année
dernière, dans lafferme de quelques
fonds qui avoient échappé aux affaires
du district, avoient en outre rassuré notre conduite.

« Le troisième chef a été d'autant plus
frapant pour le Conseil général, qu'aucun de ses membres na eu connaissance
des audacieuses menaces qui en font
le sujet que par le préambule de l'arrêté de l'administration. Si ce délit
dont nous ignorons absolument l'exis-
tance a réellement été commis, le Conseil général demande à l'administration
de vouloir lui transmettre les renseignements qui pourront découvrir les auteurs pour qu'ils n'échappent pas à la
correction qui doit réprimer de pareilles
frénésies.

« Le Conseil général peut assurer l'administration que dans les différents
exercices qui ont eu lieu, le peuple a été
dans le meilleur ordre, les différents
membres qui les ont suivis pour y
maintenir la tranquillité n'ont eu qu'à
admirer la paisible ubilation des citoyens dans un acte qui paraissoit leur
faire oublier la cruelle pénurie où l'a
réduit la cruelle nécessité d'acheter à
quarante solz une livre pain bis et tout
le reste en proportion.

D'après ces raizons qui ne sont qu'une
explication plus détaillée des motifs de
la délibération prise le trois courant.....
il a été délibéré après avoir ouï l'agent
national que le présant exposé sera inséré au long dans le procès-verbal de la

séance de ce jour et que l'extrait en sera de suite envoyé au directoire du district du Puy avec invitation aux membres qui le composent en rendant justice aux vues qui ont dirigé notre conduite de vouloir rapporter de l'arrêté du neuf, tout ce qui attaque la pureté des sentiments du Conseil général qui peut errer, mais qui ne le fera jamais d'intention.

« Délibéré ledit jour et an. »

Suit l'arrêté du district du Puy.

« LIBERTÉ, EGALITÉ, JUSTICE.

« Extrait des registres du district du Puy.

« Séance du 9 germinal de l'an III de la République française, une et indivisible.

« Presanz les citoyens Dauthier, président, Lashermes, vice-président, L.-M. Liogier, Gallet, Jerphanion, administrateur, L. Borne, agent national et Digonnet, secrétaire.

« Lecture faite de l'extrait de la délibération du Conseil général de la commune de Saugues, en datte du 3 germinal par laquelle ledit Conseil général sur l'offre faite par un citoyen de réparer à ses frais la brèche qui fût faite au mur de l'édifice national ci-devant églize moyennant qu'on lui accorde et aux autres citoyens qui s'associeront avec lui la faculté de faire exercer provisoirement dans ledit édifice l'exercice du culte auquel ils sont attachés, permet à ce citoyen de faire exercer provizoirement le culte religieux dans ledit édiffice en se conformant à la loi du trois ventose jusqu'à ce qu'il sera procédé à l'afferme ou à la vente dud. bâtiment et portant qu'extrait de ladite délibération sera envoyée à l'administration du district pour recevoir son approbation.

« Le Directoire faisant droit aux réquisitions de l'agent national, considérant que l'article 3 de la loi du 3 ventose, porte expressément que la République ne fournit aucun local pour l'exercice du culte.

« Considérant que l'édiffice duquel le Conseil général de la commune s'est emparé, est un édifice appartenant à la République.

« Considérant qu'il s'en est emparé avec connaissance de cause puisqu'il cite la loi qui le lui défend, et que la clause qui porte que la délibération sera soumise à l'approbation du district y a sans doute été insérée par dérision, puisque sans attendre cette approbation, le culte y a déjà été exercé.

« Considérant que l'ordre et la tranquilité publique dépendent essentiellement de l'exécution de la loi et que les administrations doivent la surveiller de tout leur pouvoir.

« Considérant que la conduite de la municipalité de Saugues peut être d'un exemple dangereux et qu'il est d'autant plus instant de le réprimer, que des fanatiques exaspérés de cette commune ont eu l'audace de dire publiquement qu'il fallait marquer d'un fer chaud au milieu du front, ceux qui ne fréquenteraient pas la maison du culte.

« Arrête :

« Article 1er. — La délibération du Conseil général de la commune de Saugues en date du 3 germinal, est cassée et annullée comme contraire à la loi du 3 ventose, et il lui est fait défense d'en prendre de semblable à l'avenir.

« Art. 2. — Le bâtiment national ci-devant églize sera fermé de suite par le juge de paix et la municipalité, et les scellés y seront pozés.

« Art. 3. — Le maire, l'agent national, et les deux premiers notables se rendront à l'administration dans le délai de trois jours à partir de la réception du présent arrêté, à l'effet de rendre compte de leur conduite.

« Art. 4. — La municipalité faira descendre les cloches, et les faira transporter à l'administration dans le plus bref délai, à l'exception d'une seule que la commune pourra retenir conformément à la loi.

« Art. 5. — Le présent arrêté sera exécuté sous la responsabilité du juge de paix et du Conseil général de la commune qui demeurent garants des troubles ou empêchements que les malveillants pourraient apporter à son exécution.

« Pour extrait conforme, signé : Dauthier, président et Digonnet, secrétaire.

« Pour extrait conforme, signé : Molinier. »

Cette fois encore on retardait ferme au district. Cet arrêté n'est autre chose qu'une méchante chicane à l'égard du Conseil de Saugues, et les griefs articulés ne tiennent pas devant un examen sérieux. Le vrai motif moins avouable n'était-il pas d'assouvir une vieille rancune et de faire expier à ce coin de terre son indépendance, sa bonne tenue et surtout sa résistance aux suggestions venues d'ailleurs? Mais le montagnard qu'est le Sauguain ne manque pas d'une certaine ténacité de caractère, et son opinion, pour l'avoir refoulée au fond de son cœur alors que l'heure n'était point favorable,il sait, au moment venu.

la manifester hautement et l'appuyer
par des actes. Sa réplique au district ne
se fit point attendre, on en a vu les ex-
plications si judicieusement motivées.
L'ère de la Terreur était finie et les têtes
ne se coupaient plus, sans quoi cette au-
dacieuse réplique eut largement suffi
pour envoyer les signataires à l'échafaud.

Comment l'incident finit-il? Les commissaires que l'on maintenait en permanence à Saugues, une fois la réaction
dessinée, s'étaient nuitamment dérobés,
crainte d'être écharpés. Ne se sentant
plus surveillé et ne s'inquiétant pas davantage des foudres du district, le Conseil agit à sa guise. Les prêtres commencèrent à sortir comme par enchantement
des retraites dans lesquelles ils se cachaient, et la messe put être célébrée de
temps à autre pour satisfaire aux désirs
de la population. Le 21 prairial (9 juin
95) le Conseil s'autorisant d'une nouvelle
loi du 11 dudit mois, ordonne les réparations nécessaires à l'église paroissiale.
Il fait ensuite réparer la chapelle des
Carmélites, celles des religieuses et des
pénitents.

Quant aux cloches qui n'avaient point
encore pris la route du Puy, nonobstant
cette quatrième sommation,elles ne quit-
tèrent point leur séjour accoutumé.C'eut
été bien la peine de lutter si énergiquement pendant la tourmente afin de les
conserver à la ville, pour les sacrifier
maintenant que l'apaisement se faisait !

Malgré cette accalmie préliminaire,les
cérémonies religieuses un peu solennel-
les ne pourront se faire avant l'année
1797. On lit dans un registre des archives de saint Médard : « Par la bonté et
« la miséricorde de Dieu, la persécution

« suscitée contre l'Eglise de France ayant
« enfin cessé, après avoir duré quatre
« ans, nous avons commencé aujour-
« d'hui, 15 juin 1797, à recevoir dans la
« confrérie du Saint-Sacrement. » Les
dernières réceptions dataient du 25 juin
1792.

Dans les paroisses voisines, à Saint-
Préjet, par exemple, l'exercice du culte
fut repris en 1795.

A Cubelles, le 25 juillet de cette
même année, Vital Teyssier, reprend
ouvertement ses fonctions de curé. En
ce jour Joseph Médard et Barthélemy
Dance, maire, demandent qu'il soit délibéré pour la fixation de son traitement.
Toutefois, le libre exercice du culte en
cette même paroisse devait suivre des
fluctuations diverses, à raison des arrêtés venus du district.

A Grèzes, M. L.-Ant. Manson, faisant
les fonctions de curé, commence son
registre paroissial le 22 mars 1795, dimanche de la Passion.

Le sept avril, il fait dans l'église de
Grèzes les prières et cérémonies accou-
tumées pour les obsèques de François
Paulet du Mazel.

On lit sur son registre : « Le vingt
« juin mil sept cent nonante cinq j'ai
« béni et réconcilié l'église, et le lende-
« main, j'ai chanté le *Te Deum* à la
« grand'messe et ai annoncé que les
« fonctions si fairaient à l'avenir. »

CHAPITRE XIII

Vive réaction. — Récit fait au Conseil des Cinq Cents par le représentant Faure d'une scène passée a Saugues le 9 Thermidor, an IV ; Rectifications faites par M. Dominique Boulangier, maire de Saugues.

Le mouvement de contre-révolution se fait sentir jusque dans les plus petites villes. Saugues, à son heure, devient le théâtre d'une réaction nettement accentuée.

On a vu que des arbres plus ou moins singulièrement dénommés avaient été plantés sur le Cours National et sur les places de la ville ; quelque temps après Thermidor, ils avaient été arrachés et remplacés par l'arbre de la Fraternité. Ce n'était pas assez. Le 21 Fructidor an III (7 sept. 95), « l'arbre de la Fraternité, récemment substitué à ceux placés au cours National sous le régime de la tyrannie, a été enlevé la nuit dernière. » Le conseil fait rechercher les auteurs de cet acte, et vote le remplacement de l'arbre en question. L'enquête faite à ce sujet n'aboutit à aucun résultat.

« En la séance du 22 vendémiaire
« an IV (14 oct. 95), les citoyens Hedde
« et Chabalier, délégués du Puy, vien-
« nent porter sur le bureau du Conseil
« général l'arrêté pris par le représen-
« tant du peuple Chazal. »

« Liberté, justice, égalité, humanité. »
« Du Puy, le 18 vendémiaire (10 oct.)
« an IV de la République française, J.-P.
« Chazal représentant du peuple, charge
« les citoyens Hedde fils et Chabalier de
« se randre dans la commune de Sau-

« gues pour sonder l'esprit des habitants
« et connaître ses dispositions, les exhor-
« ter et les exciter à ne pas se laisser sé-
« duire par des insinuations aussi con-
« traires à leur propre intérêt qu'à celui
« de la République, et à se rallier dans
« les circonstances difficiles à la Con-
« vention Nationale victorieuse du roya-
« lisme terrassé dans Paris.

« ... Proroge jusqu'au dix-huit bru-
« maire prochain le délai accordé par
« son arrêté du quatrième jour des com-
« plémentaires, aux ministres du culte
« du département de la Haute-Loire sou-
« missionnaires avec restriction pour se
« conformer à la loy du 20 fructidor.

« La partie du Conseil général, qui
« n'a pas pu être plus nombreuse, à cause
« de la foire de Croisances qui se trouve
« aujourd'hui, déclare qu'elle a beaucoup
« à faire, vu le départ précipité des com-
« missaires, et ne prend aucune déci-
« sion. »

Ces dispositions des habitants dont
se préoccupait le citoyen Chazal, allaient
se montrer dans tout leur jour en la
fête du 9 thermidor an IV (27 juill. 96).

Ce jour là une manifestation fut organisée, en mémoire de la chute de Robespierre, et le récit probablement exagéré
des faits accomplis à Saugues passionna
l'opinion publique, eut son écho à la tribune du Conseil des Cinq Cents, et fut
relaté dans les journaux de l'époque,
entr'autres dans le n° 72 du *Courrier de
l'Europe* (7 frimaire, an VI, lundi 27 Nov.
1797).

En la séance du Conseil des Cinq-
Cents, du 24 brumaire an VI, (14 Nov. 97),
le citoyen Faure, représentant de la
Haute Loire, demande le secours du Conseil en faveur des républicains de son département, vexés, opprimés et assassinés,

Il expose que dans un rayon de peu d'étendue, dans la Haute-Loire, plus de cent familles de citoyens paisibles et vertueux ont été assaillies, volées, pillées, assassinées, soit de jour, soit de nuit, sans qu'aucune poursuite ait eu lieu contre les coupables, quoique connus.

« Soit, pour premier exemple le canton de Saugues. Dans ce canton se sont commis plusieurs assassinats à mort, tant sur des gendarmes que sur d'autres particuliers ; mais voici comment s'y célébra en l'an IV, la fête du 9 thermidor.

« Un mannequin, monté sur un âne, et ceint d'un boyau rempli de sang, fut promené dans toute la commune, escorté par trois à quatre cents déserteurs brigands ; le maire tenant le bras d'un des ex-marquis Morangiers, assassin reconnu, conduisoit le cortège. Ils promènent ce mannequin en triomphe dans toutes les rues ; ils s'arrêtent devant les portes des patriotes en chantant le réveil homicide : et à ces mots *ils ne l'échapperont pas*, ils agitent les boyaux pleins de sang et ils s'en arrosent. Les boyaux épuisés, ils brûlent le fantôme, en exhalant par des cris de mort la rage qui les transporte. Dans leur fureur, ils se jettent sur les arbres de la liberté, les abattent, et en enlèvent (*sic*) un qu'ils appellent l'arbre de la réunion. Le Maire présidoit la fête. J'observe que les patriotes de ce canton ont été forcés, après plusieurs assassinats de quitter leurs foyers, et voici un exemple entr'autres, de ces sortes d'assassinats (1). »

(1) Motion d'ordre de Faure, Conseil des Cinq Cents. Imprimé par l'Imprimerie Nationale.
Courrier de l'Europe, n° 72, 7 frim. an VI, lundi 27 Nov. 1797 (Docum. personnels.

L'exemple qu'il cite est l'assassinat à Négreval, canton d'Allègre, du citoyen Charitat, par plusieurs brigands.

Il ajoute qu'aucun de ces attentats n'a été puni.

« Hélas ! Comment l'auraient-ils été, lorsqu'on a vu à Saugues un juge de paix refuser de recevoir la plainte d'un patriote assassiné, qui fut ensuite le lendemain réassassiné à coups de fusil... »

Il mentionne encore l'assassinat de quatre patriotes par une quarantaine de brigands, à *Arlande* près le Puy, un jour de foire, et demande d'énergiques mesures de répression.

Le citoyen Faure, régicide impénitent, effrayé de la réaction générale qui se produisait, — certainement il avait peur — devait avoir sinon dénaturé, au moins exagéré les faits, pour provoquer une coercition. Le citoyen Boulangier, maire de Saugues en l'an IV, personnellement mis en cause, crut de son droit et de son devoir de rectifier le récit du représentant :

« Saugues, 25 frimaire, an VI de la République. »

« Dominique Boulangier de Saugues (Haute-Loire) au citoyen Faure représentant du peuple, membre du Conseil des Cinq Cents.

« Citoyen représentant,

« Vous avez été grandement trompé sur le compte de ma commune et sur le mien, lorsqu'à la tribune du Conseil, dans la séance du six de ce mois en rendant compte des désordres qui ont souillé quelques points de notre département, vous paroissez faire entendre que les habitans de Saugues sont un amas de brigands dirigés par leur maire ; on ne peut au moins que tirer cette conséquence de la lecture que j'ai fait de votre rapport dans le numéro 72 du courrier de l'Europe. J'étois maire de Saugues en l'an IV, époque où fut faite la farce qu'on vous a caratérisé de fête et qui a été rendue d'une manière atroce, aucune des circonstances par lesquelles on vous l'a noircie ne s'y passa. Voici le fait tel qu'il se passa sans en ômettre une circonstance.

« L'après-midi d'un beau jour de fête en été de l'an IV, j'appris qu'un grand concours de peuple de la ville et de la campagne en hommes, femmes et enfants promenoient un homme de paille composé comme il est dit. Fatigué d'un amusement que je croyois ne pas pouvoir plaire à tous les citoyens et qui n'auroit pas eu lieu si j'us pu le prévoir, je me rendis à la hâte au milieu de la foule qui jouissoit de cette nouveauté et n'avoit d'autre intention que de se pénétrer de l'horreur que doit inspirer l'effusion du sang humain. Le Réveil du peuple nouvellement parvenu dans nos montagnes y étoit chanté, non en s'arrosant du sang, non avec des transports de rage et des cris de mort, comme on vous l'a dit, mais avec la gayeté d'un peuple qui, quoique tenant de l'aspérité du climat qu'il habite est moins méchant que docile. A peine arrivé je suis le cortège de droit et de gauche en observant que cette représentation est dégoûtante ; je demande que cette course cesse, on m'exauce en brûlant de suite la botte de paille que couvroit un haillon après quoi chacun se retira tranquilement. La jeunesse passa à la dance le reste de la soirée.

« Il ni eut ni ex-marquis, ni brigands, le manequin en mon absense n'avoit été arrêté qu'au milieu d'une place publique, en ma présence il ne s'arrêta que pour être brûlé ; aucun citoyen n'a reçu d'insulte, aucun arbre n'a été ce jour-là ni abattu, ni élevé, c'est ce que je vous affirme citoyen représentant avec la franchise d'un républicain qui a eu dans un tems l'avantage d'être assez connu de vous, pour au moins vous faire révoquer en doute des rapports qui me rendroient pire qu'un monstre. Si je pèche par quelqu'endroit c'est par trop de bonté, parce que je suis incapable de provoquer, encore moins de faire le plus léger mal, même à mes ennemis. Je ne dois pas être représenté comme le dévastateur de mon pays que j'ai servi pendant tous le tems de la révolution pendant laquelle aucun citoyen, à son occasion n'a éprouvé ni vol, ni pillage, encore moins d'assassinats, Je puis me flatter d'avoir efficacement concouru avec mes collègues dans tous les tems de réaction pour empêcher jusqu'aux moindres effervescences. Ceux qui nous ont noirci auprès de vous doivent peut-être la vie à nos soins et aux continuelles exortations à la tranquilité dans un pays escarpé, sans force armée et où l'ignorance rend très pénible et très difficile l'usage de l'autorité. »

« Veuillez, citoyen représentant, me rendre la justice que je mérite en rectifiant sur mon compte l'opinion émise dans votre séance du 6 de ce mois, je ne suis pas moins jaloux de conserver votre estime, qu'empressé à vous en demander le témoignage. Salut et Respect, »

« Boulangier (1). »

« Au citoyen Crose, représentant du peuple, »

« Vous verrez par le mémoire que vous communiquera le citoyen Tor-

______

(1) Document personnel.

rens, combien gravement j'ai été inculpé
tant auprès du directoire qu'au conseil
des 500. Vous avez constament protégé
l'innocence, la mienne vous sera connue
par la lecture de mes écrits, veuillez, je
vous prie, les aider de l'opinion que vous
scavez exister sur mes principes et ma
conduite, le citoyen Barthelemi, votre
collègue me connoît aussi assez pour re-
connoître la calomnie et me conserver
l'estime dont il m'a honoré. En me rap-
pelant dans son souvenir, je le prie de
vouloir avec vous effacer la cruelle empreinte portée à ma vie irréprochable.
« Salut et respect. (1). »

Il est difficile d'accepter sans réserve
l'interprétation bienveillante donnée de
cette manifestation par M. Boulangier.
S'il n'y avait point là cette noirceur que
signalait le citoyen Faure, il y avait, à
coup sûr, au moins une démonstration
voulue de réaction caractérisée, en ce
jour précis du 9 thermidor, au chant du
réveil homicide, avec les oripeaux signalés dans le récit que l'on vient de lire.

Tant il est malaisé de bien écrire l'histoire, alors que les documents ne sont
autre chose que des plaidoyers « pro
domo » forcément exagérés pour les besoins de la cause, et qu'il est indispensable de contrôler et de remettre au point
pour arriver à l'exacte vérité !

(1) Document personnel.

CHAPITRE XIV

BOULANGIER NOMMÉ ADMINISTRATEUR DÉ-
PARTEMENTAL. — CONTRIBUTIONS EN
NATURE. — RÉQUISITIONS. — FAITS DI-
VERS.

Cet adoucissement dans le régime tyrannique qui avait si durement pesé sur
le pays, laissait subsister toutes les mi-
sères de la vie matérielle : la rareté du
blé, la pénurie du numéraire et la difficulté des approvisionnements. Ce n'est
d'ailleurs pas de sitôt que l'on allait être
déchargé de cette lourde corvée des subsistances : un détachement parti était
aussitôt remplacé par un autre. Ces troupes ne quittaient point le pays sans demander un certificat de satisfaction aux
autorités locales : « Nous, administrateurs municipaux du canton de Saugues, département de la Haute-Loire,
certifions que le détachement de la
5eme, 7eme et 8eme compagnie du 1er bataillon de la 16eme demi-brigade stationnée à Saugues depuis le 14 courant, s'est
conduit de manière à s'attacher l'estime
et l'attachement de tous les habitants...
30 germinal, an IV (19 avril 1796). »
Neuf jours après, l'on annonçait l'arrivée de cent hommes à Saugues, et il
fallait à nouveau réquisitionner dans les
communes voisines les vaches et les
bœufs nécessaires.
Cependant de fréquents changements
se produisaient dans le personnel qui, à
Saugues, occupait les emplois publics.
En prairial (mai 95) le citoyen Lavalette est nommé procureur de la commune provisoire.
Mais sur la fin de l'année (11 vendé-

miaire, an IV, 2 oct. 95), « il résigne ses fonctions de procureur, ayant un neveu présumé émigré, en vertu de la loi du 5 supplémentaire, insérée dans le bulletin d'hier, 10 vendémiaire. »

Vernet donne à son tour sa démission d'officier municipal, ayant également un neveu nommé Lobérie, présumé émigré.

Cet article de la loi sera bientôt rapporté ou considéré comme non avenu, car ce même Vernet, ancien officier municipal, est désigné pour les fonctions de Maire, le 30 pluviose an IV (18 fév. 96), en remplacement du citoyen Dominique Boulangier.

Celui-ci, le 19 nivôse an IV (8 janv. 96) est appelé à l'administration du département, pour remplacer le citoyen Chevalier, démissionnaire.

En lui faisant part de sa nomination, le citoyen Croze ajoute : « Pensez que vous êtes attendu avec impatience, et que votre présence est ici essentiellement nécessaire, arrivez vite et apportez-nous un travail sur l'emprunt forcé pour vore canton.

« Signé : Croze (1). »

Ce grand mot d'emprunt forcé démontre bien que les finances de la République étaient loin d'être en voie de prospérité.

Par contre coup, celles de Saugues n'étaient pas dans une situation plus enviable. Dans la séance du 16 brumaire an IV (7 nov. 96) l'apurement des comptes donne le résultat suivant :

Chapitre de recettes : 11.369 livres, 18 sols, 5 deniers.

(1) Docum. personnels.

Dépenses : 36.969 livres, 3 sols, 4 deniers.

Non compris : 35 livres, 5 sols en numéraire métallique.

D'où la dépense excède 25.609 livres, 4 sols, 11 deniers.

Les assignats étaient tellement discrédités, et le numéraire si rare que les réquisitions des habitants étaient indiquées partie en monnaie métal ou papier, et partie en nature.

Ainsi le 2 pluviôse an IV (22 janv. 96), la partie en nature payable par les contribuables du canton est limitée à cent trente-trois quintaux de seigle, répartis ainsi qu'il suit :

Saugues, 42 quintaux, 56 livres : Cubelles, 8 quintaux ; Venteuges, 13 quintaux, 20 livres ; Grèzes, 12 quintaux, 20 livres ; Chanaleilles, 8 quintaux, 40 livres ; Thoras, 10 quintaux, 50 livres ; Esplantas, 4 quintaux, 50 livres ; Vazeilles, 4 quintaux, 50 livres ; Croisances, 1 quintal ; Vereirolles, 1 quintal ; Saint-Vénérand, 3 quintaux ; St-Christophe, 8 quintaux, 70 livres ; St-Préjet, 9 quintaux ; Monistrol, 9 quintaux, 20 livres.

Le 23 pluviose on fut obligé d'augmenter encore la contribution en nature, les communes se déclarant incapables de payer le surplus en numéraire.

C'est que, en cette période, l'or, excessivement rare, se cachait soigneusement. Le rural était alors, ni plus ni moins que de nos jours, extrèmement parcimonieux, et pour peu qu'il eût dans les mains quelques louis et quelques pistoles, fruit de longues et minutieuses économies, à raison des perquisitions sans nombre et des lourdes contributions dont on le grevait, avec la perspective de la prison ou de l'échafaud qui planait sur toutes les têtes, il les enveloppait soigneusement d'une double ou triple étoffe, et ce trésor il le confiait à un trou de muraille aussitôt aveuglé, aux entrailles du sol dans un recoin du jardin, ou encore à la cachette obscure et presque inaccessible d'une solive s'enfonçant dans le mur tout en haut du grenier. Et il arriva que quelquefois la mort emporta dans la tombe l'homme et son secret ; c'est pourquoi depuis lors, au cours des années, maint trésor a été découvert dans les fouilles et les démolitions, dont on ne connaissait point l'origine, dont on ne s'expliquait même pas la provenance.

On comprend facilement combien cette pénurie de numéraire compliquait le service des subsistances aux troupes cantonnées dans le pays.

En la séance du 26 germinal an IV, (16 avril 96) « un membre observe que la troupe stationnée dans cette commune est sur le point de manquer de viande par la négligence de l'administrateur chargé de la subsistance de l'armée. »

Le conseil arrête « qu'en attendant, l'agent municipal demeure chargé de faire conduire demain un bœuf ou une vache qu'il est autorisé à payer suivant l'estimation qui en sera faite. »

Et dans la séance extraordinaire du 28 germinal (18 avril), on arrête :

« Art. I. — L'agent municipal de la commune de Cubelles sera requis de faire conduire un bœuf ou une vache pour mardi soir. »

« Celui de Grèzes un bœuf ou une vache pour vendredi soir : l'estimation et le paiement seront faits comme pour celle qui a été fournie par la commune de Venteuges.

« Art. II. — Les agents municipaux du canton seront tenus de faire transporter dans demain les objets de cazernement qui suivent : les communes de Venteuges, Cubelles, Grèzes, Chanaleilles, Thoras, St-Préjet, St-Christophe et Monistrol fourniront trois paires de draps et trois couvertures, celles de St-Vénérand et de l'Esplantas (*sic*) deux couvertures et une paire de draps, et celles de Croisances et de Vabres, une couverture et une paire de draps. Les fournitures seront adressées dès demain à l'administration municipale. »

Le choix que faisaient les communes des bêtes envoyées laissait quelquefois à désirer. Cubelles s'avisa un jour de faire passer une vache qui ne fut point jugée acceptable. Il fallut la reprendre et la remplacer aussitôt par une tête de meilleure qualité, et c'est un bœuf que dut fournir la commune récalcitrante, sinon une sanction sévère allait la rappeler à l'ordre.

Le citoyen Boulangier que l'on a vu récemment appelé au district, ne conserva pas longtemps ses fonctions d'administrateur départemental, il fut accusé de royalisme et destitué sans appel, 28 ventôse (19 mars 96). Il protesta de son civisme, se défendit d'avoir tenu les propos qu'on lui prêtait, — sa protestation est trop longue pour trouver ici sa place — mais il ne fut pas sursis à la mesure prise à son sujet. Hyacinthe Boulangier, l'un des siens, quelques jours après, 9 floréal (28 avril) donne sa démission de secrétaire de l'administration municipale de Saugues.

Le Directoire, qui venait d'être créé pour diriger les destinées de la France, était composé de régicides impénitents qui, pendant un certain temps, essayèrent de faire revivre contre les prêtres réfractaires les arrêtés rigoureux de la

Convention. Mais la force du ressort était usée, et cette tentative n'eut dans les lieux éloignés qu'une vague et stérile répercussion. Lorsqu'il est donné lecture, en séance du Conseil de Saugues, de l'arrêté de l'administration du département en date du 7 Germinal, relatif à l'état à fournir des prêtres déportés et rentrés sur le territoire de la République, le Conseil, « ouï le rapport de tous « les agents, déclare qu'il ne connaît en « ce moment aucun prêtre réfractaire « sujet à la déportation et rentré depuis « sur le territoire de la République, si « ce n'est le citoyen Boulangier, ci-de- « vant chanoine, lequel, en vertu de « l'arrêté du citoyen Guyardin, d'après « un certificat des citoyens Lavalette et « Benoît, a dû demeurer reclus dans la « maison d'hospice de cette ville ».

Les commissaires n'étaient plus là pour espionner et intimider le Conseil, aussi celui-ci en prenait à son aise des arrêtés de l'administration supérieure.

Entre temps, la municipalité était bien forcée de s'occuper des menus détails de l'administration intérieure et de l'entretien des bâtiments publics.

« Le 4 nivôse (25 déc. 95), l'agent national de la Commune observe que la partie de l'édifice national ci-devant des religieuses appelé le Beauregard, est sur le point de tomber en ruines, laquelle ruine est dans le cas d'occasionner des dommages considérables à plusieurs maisons qui l'avoisinent ; il demande qu'il soit pris à ce sujet les mesures les plus promptes, sur quoi l'administration a nommé les citoyens Durand, maçon, et Paulet, charpentier, pour dresser un rapport sur cet objet ».

En ce même mois, l'agent municipal de Thoras dénonce à l'administration les malversations commises par le citoyen Danse, garde-forestier, qui est remplacé par le citoyen Jos. Bonnet de cette même commune de Thoras. 25 nivose (15 janv. 96).

« 22 messidor an IV (10 juillet 96).

« Le citoyen Mazel, agent municipal de Grèzes, ayant déposé sur le bureau une copie d'un arrêté pris par l'administration du département de la Haute-Loire, ainsi conçu : tous les habitants de la commune de Grèzes sont déclarés individuellement et collectivement responsables des délits qui pourroient être commis soit envers les personnes, soit envers les propriétés du citoyen Rochemure, ainsi que des dommages-intérêts auxquels ils donneroient lieu.

L'agent municipal de la commune de Grèzes, ou, à son défaut, l'agent de la commune de Saugues sont tenus sous leur responsabilité de protéger la mise en possession du citoyen Rochemure, et lui assurer la libre et entière jouissance de ses biens conformément à la sentence du tribunal civil. »

Enfin, le 20 thermidor (7 août 96), le pouvoir exécutif du Puy arrête : « Arti « cle premier, le citoyen Charles Châ- « teauneuf Randon-d'Apchier (1), fils pre-

---

(1) Charles, marquis d'Apchier, était, comme on l'a déjà vu, p. 36, fils aîné de Jean Joseph, marquis d'Apchier, baron de Thoras, etc., et d'Henriette de Rochefort-d'Ally. Né en 1775, il mourut à Magdebourg le 11 mars 1813, sans avoir été marié.

Sa sœur, Irène d'Apchier, née en 1777, fut mariée en 1795, à Angers. à Denis le Maugin d'où sont descendus les « le Maugin-d'Apchier » et le baron de Veyrac, propriétaire actuel du château du Thioland.

Enfin, son frère puiné, Auguste, devenu marquis d'Apchier à la mort de son frère, né le 9 juin 1780, mort au château de Brassac (Puy-de-Dôme). le 3 juin 1836, chef du nom et des armes d'Apchier, fut le dernier descendant mâle de cette illustre maison. Il laissait de son mariage avec Adélaïde du Croc de Brassac,

« mier, demeure provisoirement rayé de
« la liste supplétive d'émigrés.

« Ayant demandé à faire partie des
citoyens de la commune de Saugues, le
Conseil général décrète :

« Art. 1er. — Ledit citoyen d'Apchier
sera inscrit à la suite du tableau de population de ladite commune de Saugues,
en exécution de la loi du 10 vendém.
an IV.

« Art. II. — Il lui sera délivré un passeport par l'administration municipale
de Saugues. »

Un peu plus tard (25 vendémiaire
an IX), une lettre du ministre de la police mettra le citoyen Christophe Dapchier (1), prévenu d'émigration, sous la

dame du Comté de Brassac et de la baronnie de Lubiè-
res, deux filles : 1º Céline d'Apchier, mariée le
16 avril 1828, au comte de Leygonie de Pruns, dont la
descendance est tombée en quenouille ;

2º Irène d'Apchier, mariée au château de Brassac, le
26 octobre 1825, à Gaspard de Morel de la Colombe de
la Chapelle, comte d'Apchier, par substitution, autorisé
ainsi que ses descendants à porter le nom et les armes
d'Apchier, par ordonnance royale, et en vertu de la
substitution contenue dans le testament du dernier marquis d'Apchier, son beau-père, reçu par de Sarran, notaire à Brassac, le 10 mai 1836 ; de sorte que la descendance des marquis d'Apchier, barons de Thoras, etc.,
est représentée aujourd'hui par substitution, en ligne
directe, par la marquise d'Apchier de Pruns, et par les
enfants du comte et du vicomte d'Apchier de la Chapelle. (Voy. BOUILLET : *Nobil. d'Auv.*, IV, p. 333.)
Archiv. de la marquise d'Apchier de Pruns et de la
comtesse d'Apchier de la Chapelle ; archiv. du château
du Thioland.

(2) Louis-Christophe-Philibert d'Apchier était fils de
Louis-Charles d'Apchier, comte de Vabres, etc., qui,
arrêté à Lyon et emprisonné, fut sauvé par le dévouement héroïque de sa fille et la reconnaissance des habitants de Vernoux dont la pétition en sa faveur le fit
mettre en liberté. (Voir l'opuscule intitulé : *Un chapitre de plus au mérite des femmes*, par Maurice DE
LONGEVIALLE, imp. Dumoulin, Lyon 1852.) Sa mère était
Agathe-Marie-Philippine de Bouchard-d'Aubeterre. Il
épousa, le 29 pluviôse an VIII (18 février 1800), An-
toinette-Catherine-Corteille de Vaurenard, et mourut sans
postérité, en 1836. Il restait de cette branche Marie-

surveillance de la municipalité de Saugues, et lui permettra de rentrer et de résider dans la commune de Saugues.

Thérèse d'Apchier de Vabres, sa sœur, mariée, en 1797, à A.-P.-Augustin-Falcon de Longevialle, ancien chevau-léger de la maison du roi Louis XVI, lieutenant-colonel de cavalerie sous la Restauration et maire de Saint-Flour. De ce mariage sont issus huit enfants dont sept fils.

On sait que cette branche cadette des d'Apchier, comtes de Vabres, se rattachait à la tige des marquis d'Apchier, vicomtes de Vazeilles, barons de Thoras, par Jacques d'Apchier, seigneur de Billière, etc., marié, en 1526, à Françoise de Peyre.

CHAPITRE XV

ADMINISTRATION CANTONALE. — ORGANISATION JUDICIAIRE. — LA QUESTION DES ÉCOLES. — MESURES PRISES CONTRE LES RÉFRACTAIRES, BIENVEILLANCE DE LA POPULATION A LEUR EGARD. — PERCEPTION DES IMPOTS. — INDIFFÉRENCE POUR LES SOLENNITÉS DU JOUR. — DÉFAUT DE SÉCURITÉ.

Sous l'ancien régime, les provinces se subdivisaient en diocèses, ceux-ci en mandements et les mandements en paroisses, la délimitation et la dénomination étant à peu près identiques au point de vue civil et au point de vue religieux.

Après la Révolution, il n'y eut plus que des départements divisés en cantons et ceux-ci en communes. Toutefois, ce n'est point sans tâtonnements multipliés que ce dernier mode d'administration sociale fut définitivement acquis.

En l'an V, on voulut essayer d'un groupement d'administration cantonale nommée par les électeurs des paroisses, et en ce qui intéresse Saugues, voici comment il fut procédé :

« Arrêté du Conseil général de Saugues du 27 ventose, an V (18 mars 1797).

« Article premier. — Les assemblées primaires se tiendront le premier germinal prochain et jours suivants, savoir : Celle de la commune de Saugues appelée du Centre dans l'édifice appelé cy-devant chappelle des religieuses dominiquaines.

« Art. 2. — Celle des communes de Vazeilles, Esplantas, Croizances, Véreirolles, Saint-Vénérand, Saint-Christophe, Vabres, Saint-Préjet et Monistrol, appelée du sud-est dans la cy-devant chappelle des pénitents. Celle des communes de Cubelles, Venteuges, Grèses, Chanaleilles et Thoras, appelée du nord-ouest dans la cy-devant chappelle des religieuses.

« Art. 3. — L'assemblée primaire du centre étant composée de 654 votants, celle du sud-est de 587, et celle du nord-ouest de 626, il en résulte que chacune d'elles devra nommer trois électeurs, ce qui fait pour tout le canton le nombre de neuf.

« Art. 4. — Les trois assemblées nommeront ensuite concurremment le président de l'administration municipale et trois assesseurs de la justice de paix. »

Mais cet ordre ainsi établi ne devait pas subsister longtemps, et les années suivantes allaient le voir modifier par des remaniements successifs indiqués par une expérience concluante.

L'organisation judiciaire, par contre, avait été modifiée tout d'une pièce et dans tout son ensemble : les justices seigneuriales étaient supprimées, supprimés aussi les bailliages, présidiaux, sénéchaussées et parlements. Il avait été créé une justice de paix avec deux assesseurs dans chaque canton, un tribunal civil dans chaque chef-lieu de district, ainsi qu'un tribunal correctionnel et criminel. Les juges étaient élus par le corps électoral. Ce nouveau système avait été établi par décret du 16 août 1790. Un bureau d'enregistrement avait aussi été créé à peu près dans chaque chef-lieu de canton, et Saugues possédait le sien depuis la fin de 1791 ou le commencement de 1792.

La municipalité se piquait de n'être point trop enténébrée et de ne pas végéter dans une coupable ignorance. N'avait-elle point, à cet effet, pris un abonnement au journal *La clef du cabinet des Souverains.* Certes, si le contenu de cette feuille répondait à la qualité du titre, nos municipaux ne pouvaient, après cette lecture, manquer de lumières ni de connaissances politiques suffisantes.

S'ils n'étaient point d'habiles diplomates, ils savaient du moins, à leur heure, user d'une facétieuse ironie à l'égard même du redoutable représentant du peuple qu'était le citoyen Guyardin, témoin la résolution suivante jadis adoptée par le conseil.

Le 13 prairial an II (1er juin 1794).— « La « municipalité délibère d'envoyer, au- « près du citoyen Guyardin, le citoyen « Torrent pour inviter ce brave monta- « gnard d'accueillir les justes réclama- « tions d'une municipalité également « montagnarde et par climat et par affec- « tion en lui exposant la pénurie où nous « nous trouvons, lui demander du pain, « un peu de pain pour subsister jusqu'à « la récolte prochaine. »

Ne croirait-on pas, à y regarder de bien près, que les auteurs de cette motion possédaient une certaine littérature ?

Pourtant, ce n'est pas que, durant la Révolution, la question des écoles eut fait à Saugues de grands progrès, pour n'avoir pas été étudiée comme elle le méritait. Avait-on bien le temps, à travers ce torrent tumultueux d'événements précipités, de s'attarder à ces détails secondaires ! D'ailleurs, les soucis matériels d'organisation et d'approvisionnements, la besogne quotidiennement renouvelée de perquisitions et de réquisitions, d'assistance aux séances des con-

seils et des comités, laissait-elle à la
meilleure volonté la faculté de s'intéres-
ser à l'enseignement des enfants ? Aussi
cette organisation reste en souffrance
durant un certain nombre d'années et
plusieurs générations vont s'élever, pour
l'instruction desquelles peu de chose
aura été fait.

Au mois de floréal, an II (mai 1794),
dans la salle des délibérations du Conseil, un registre est ouvert où viennent
s'inscrire tous ceux qui veulent se livrer
à l'enseignement. Parmi les candidats
inscrits, J.-Antoine Rouquet, est choisi
par le suffrage pour donner l'enseignement en question. Le local adopté est la
chapelle des Carmélites.

Molinier, l'instituteur précédent, était
devenu le secrétaire de la municipalité.
Bien plus tard, dans la séance du 22
frimaire, an XII (14 décembre 1803), le
Conseil municipal arrête :

« Art. I. — Le citoyen J.-Antoine Roquet, encien instituteur de cette commune, est de nouveau choisi en cette
qualité, pour donner à la jeunesse les
premiers éléments d'écriture.

« Art. II. — La somme de 200 francs
arrêtée à cet effet, dans la délibération
du Conseil municipal du 26 messidor,
reste affectée par son traitement.....

« .....Art. V. — Outre le traitement
ci-dessus, il sera encore prélevé sur chaque char de bois qui entre dans la ville,
une bûche qui sera exclusivement destinée au chauffage du sieur Roquet.

« Art. VI. — Moyennant ce dessus, le
citoyen Roquet sera tenu d'instruire gra-
tis dix jeunes gens au choix du Conseil.

« Art. VII. — Il sera fait par une commission *ad hoc*, un règlement, qui
déterminera non seulement la tenue et

le genré de cette institution, mais encore la rétribution pécuniaire qui pourra être exigée de chaque écolier, composée du citoyen maire (1), Masson aîné et Prolhiac fils.

« Art. VIII. — Dans le cas où le citoyen Roquet s'adjoindrait dans la suite un collaborateur qui le mette à même d'enseigner un plus grand nombre de jeunes gens, son traitement sera augmenté en proportion. »

En 1812, on s'occupera de nouveau des écoles. Dans la délibération du 15 octobre, M. Masson maire, a dit : « Le sieur « François Pouzol de cette ville, sollicite « votre agrément pour s'y fixer et y pro- « fesser la langue latine, à ces fins, il « ose espérer quelque secours de la com- « mune, au moins d'un logement pour « encourager et faciliter son établisse- « ment.

« Cette partie d'érudition a été négli- « gée depuis longtemps, surtout à comp- « ter du départ de M. Rouquet et du dé- « cès de M. Molherat.

« Le Conseil accorde l'autorisation demandée et 100 francs d'indemnité pour son logement. »

L'autorisation et le diplôme nécessaires lui furent accordées par le recteur d'Académie de Clermont-Ferrand, le 25 janvier 1813.

Quant à l'instruction des jeunes citoyennes, il n'en est pas question durant cette période, du moins dans notre pays. Trouvait-on inutile que la femme fût quelque peu lettrée, ou bien n'eût-on pas le loisir de parer à cette lacune ? Ce qui est certain, c'est qu'on semblait ne s'en inquiéter aucunement.

Ce n'est pourtant pas que les sujets

(1) M. de Lavalette était alors maire de Saugues,

capables d'enseigner fissent défaut; la ville était pleine de ci-devant religieuses, dont la plupart, leur vie durant, s'étaient occupées d'enseignement (1).

Seulement cette hantise de haine anticléricale, en cette époque où la pacification n'était pas définitivement acquise, excluait des emplois, même de ceux où le dévouement et le désintéressement étaient indispensables, les ci-

(1) Un état officiel de floréal, an V, nous donne le nom ci-devant des religieuses domiciliées dans la localité :

Beraud Marie-Ursule, née en 1727, ex-rel. de Saugues.
Molherat Marie-Anne, née en 1747,   —
Favi-Lamégerie Marie, née en 1751,   —
Bouquet Rose, née en 1752.   —
Guilhe Marianne, née en 1753,   —
Dorson Marie, née en 1748,   —
Vernet Maria, née en 1748,   —
Masson Marie, née en 1761,   —
Eymard Marguerite, née en 1766,   —
Flandin Marie, née en 1752, ex-converse de Saugues.
Charrade Anne-Marie, née en 1762, ex-religieuse de Saugues, née à Venteuges.
Manson Jeanne, née en 1729, ex-religieuse de Saugues, née à Grèzes.
Manson Marguerite, née en 1734, ex-religieuse de Saugues, née à Grèzes.
Manson Ursule, née en 1725, ex-religieuse de Langeac, née à Grèzes.
Enjelvin-Villeret Marie-Thérèse, née en 1722, ex-religieuse de Chaudesaigues, née à Saugues.
Bouquet Marie-Thérèse, née en 1749, ex-religieuse de Langeac, née à Saugues.
Lyon Louise, née en 1740, ex-religieuse de Langeac.
Lyon Laurence, née en 1737,   —
Montvallat Marie-Claudine, née en 1723, ex-religieuse de Chaudesaigues.
Auzerand-Luchadou Louise, née en 1723, ex-religieuse de Vals.
Meyronnenc Marguerite, née en 1749, ex-religieuse de Langeac.
Flandin Marie, née en 1752, ex-converse de Langeac.
Privat Anne-Marie, née en 1739,   —
Combeuil Marie, née en 1759,   —
Pignol Jeanne, née en 1737,   —
Combeuil Marianne, née en 1737,   —
Catherine Labretoigne, née en 1746, ex-religieuse de Sainte-Catherine du Puy.

(Docum. personnel.)

devant religieuses. Il faudra patienter
de longs mois encore pour voir éclore
une nouvelle efflorence de vie religieuse
et d'enseignement congréganiste. En attendant les jeunes filles végèteront dans
l'ignorance, jusqu'à ce que quelques ecclésiastiques, aidés de la municipalité,
puissent arriver, d'un commun accord,
à créer une institution suffisante pour
faire face à cette nécessité,

Une autre plaie de cette époque, c'é-
tait la difficulté que l'on avait à réunir
sous les drapeaux les jeunes gens que la
conscription atteignait. Les armées de la
République s'en allaient, par delà les
frontières, repousser l'invasion mena-
çante des ennemis ligués contre la
France, et, pour combler les vides, de
nombreuses levées se faisaient sur notre
territoire. Une loi du 24 février 1793 mit
en état de réquisition permanente, jusqu'au complément de l'effectif de 300.000
hommes, tout citoyen français veuf ou
non marié de 18 à 40 ans.

Dans ce canton de Saugues, le recrutement des soldats devait trouver plus
de difficultés qu'ailleurs.

Le nombre de 300.000 volontaires demandé par toute la France n'ayant pas
été obtenu, on en vint à fixer le chiffre
précis d'hommes que devait fournir chaque commune. Un registre fut déposé à
la mairie où devaient s'inscrire ceux
qui, ayant l'âge requis, voulaient faire
partie de ce contingent.

A Cubelles, qui devait fournir quatre
volontaires, le registre déposé à la mairie ne reçut aucune inscription, les jeunes gens ayant déclaré qu'ils ne se refusaient pas à servir la patrie, mais qu'ils
attendaient que les communes voisines,
et Saugues en particulier, leur en aient
donné l'exemple.

Sur l'injonction de l'administration,la municipalité de cette petite commune dut se réunir et tirer au sort les quatre prétendus volontaires qui pour cette fois ne semblaient pas justifier leur nom. Or,le choix du suffrage tomba sur quatre jeunes gens, dont deux étrangers, actuellement domestiques dans la commune, mais tous les quatre absolument impropres au service militaire, et reconnus tels après une première révision.

Ce choix ironique ne fut pas du goût de l'administration qui, le 23 mai 1793, dans une des salles du ci-devant couvent des religieuses de Saugues, fit tirer au sort le nom de quatre jeunes gens qui durent bel et bien partir pour la caserne.

A Saugues même, la levée des volontaires n'alla point sans lenteurs ni sans difficultés.

Le 18 mars 1793, avaient eu lieu en la mairie de Saugues, le dépôt et l'ouverture du registre d'inscription des volontaires pour le contingent demandé.

Mais le contingent assigné à la commune fut loin d'être atteint, car il ne se trouva que sept inscriptions seulement, au lieu de quarante environ, nombre proportionnel à la population.

Le Conseil s'étant assemblé le 22 mai, il fut décidé que le samedi suivant, 25 du courant, on se réunirait pour tirer au sort les volontaires qui devraient compléter le contingent déterminé.

Plus tard, les appels devinrent plus fréquents et englobèrent un plus grand nombre d'hommes ; par suite, l'on vit s'augmenter considérablement le nombre des déserteurs.

De ceux-ci quelques-uns se dérobaient dans les bois, dans les ravins inaccessibles, et venaient nuitamment chercher dans la demeure de leurs parents les aliments nécessaires à leur subsistance. Quelques autres se joignaient à la bande armée des contre-révolutionnaires qui n'avait cessé de se maintenir dans le voisinage.

Le 18 prairial an V (6 juin 1797) « vu la lettre reçue de l'administration du Puy, considérant qu'il existe dans le canton de Grandrieu une troupe de brigands armés, le Conseil général arrête :

« Art. I. — Il sera nommé des commissaires pris dans le sein de l'administration municipale pour se transporter de suite près de celle de Grandrieu, et y prendre, de concert avec elle les renseignements et déterminations nécessaires.»

« Art. II. — Le citoyen Nauton, agent municipal de la commune de Vazeilles et Brunel, agent municipal de Chanaleilles, seront nommés commissaires aux fins ci-dessus. »

La désertion et le refus de répondre à l'appel des conscrits prit bientôt de telles proportions que le district dût envoyer des troupes pour ramener de force les réfractaires au devoir.

Dans la séance du Conseil du 15 vendémiaire an VII (6 oct. 1798) lecture est faite « de la lettre de l'administration centrale qui donne avis de l'envoi d'un détachement de force armée dans le canton, pour être distribué chez les parents des conscrits réquisitionnés et autres militaires déserteurs ou en retard de se rendre au poste de l'honneur, à l'effet d'accélérer leur départ ou leur réunion au chef-lieu du département. La distribution en sera effectuée ainsi qu'il suit :

Saugues, pour un officier, un sous-officier et deux gendarmes, aura à payer 27 francs.

Venteuges, pour un sous-officier et deux gendarmes, 17 francs.

Cubelles, un sous-officier, 7 francs.

Vazeilles-Esplantas, pour 1 gendarme, 5 fr. 50.

Grèzes, pour deux gendarmes, 11 fr.

Chanaleilles, pour deux gendarmes, 11 francs.

Thoras, 1 sous-officier, deux gendarmes, 18 francs.

Saint-Christophe, 1 sous-officier, deux gendarmes, 18 francs.

Saint-Préjet, trois gendarmes, 16 fr. 50.

Croisances, Vabres et Saint-Vénérand, 3 gendarmes, 16 fr. 50.

Monistrol, 1 sous-officier et 2 gendarmes, 18 francs.

Au total, 165 fr. 50.

Ce refus d'acquitter l'impôt du sang n'était donc pas localisé dans la seule commune de Saugues, mais il sévissait également, et même dans de plus larges proportions, dans les communes voisines, à raison de la plus grande facilité qu'avaient les réfractaires de se mettre à l'abri des recherches. En ventôse de l'année suivante, un réquisitionnaire qui avait refusé de répondre à la convocation, fût appréhendé par la gendarmerie qui le conduisait en prison pour, de là, le ramener au corps. Mais la foule, sur le parcours, s'ameuta, des horions furent distribués, des pierres lancées, les gendarmes poursuivis et le réfractaire délivré.

L'un des gendarmes, Vassel, reçut en plein visage un coup de pierre qui lui cassa deux dents.

Le Conseil général de Saugues, dont les délibérations racontent l'incident, se réunit en séance extraordinaire le 2 ventôse (21 février) et de l'enquête faite à ce sujet, il résulta que les émeutiers in-

culpés de cette rébellion étaient tous
étrangers à la commune.

Le 21 thermidor, Antoine Court, déserteur, était capturé par les gendarmes
qui l'emmenaient à travers le bois de
Coupe-Gorge avec certains autres réfractaires arrêtés avec lui. Court, par un effort violent, échappe soudain aux gendarmes qui, mais en vain, courent après
lui pour le rattraper. Les autres prisonniers profitent de l'ahurissement de
leurs gardiens pour tenter de ressaisir
leur liberté par le même procédé, et de
fait presque tous parviennent à s'évader.

Le 2 frimaire de l'an VII (22 novembre
1798), devait avoir lieu le départ des
conscrits de la commune et du canton
de Saugues. En ce jour-là, rapportent
les registres, aucun conscrit ne se pré-
senta à la commune.

Cet état de choses allait se prolonger
longtemps encore : en brumaire et messidor de l'an XI (octobre 1802, juillet 1803),
des certificats d'amnistie sont accordés à
cinq déserteurs de Cubelles (1), dont
trois, depuis dix ou douze ans se cachaient dans le pays pour échapper au
service militaire.

Les impôts foncier et autres, en ces
époques troublées, ne se recouvraient
pas non plus facilement. Le 8 frimaire
an VII (28 nov. 1798), les percepteurs des
communes de Venteuges, Cubelles, Vabres et Croisances, n'ayant pas justifié
dans le délai voulu du versement
des fonds qui leur sont demandés,
le Conseil décide d'envoyer un gendarme
aux deux premiers, et un homme aux
autres.

Le 21 du mois suivant, celui de Tho-

____

(1) *Notes historiques sur Cubelles*, p. 52.

ras, le citoyen Serre, n'ayant point apporté les fonds dont il était chargé de faire la collecte, il est décidé qu'il recevra chez lui deux gendarmes, et les payera 5 francs par jour.

On sait que, dans l'ancien régime, la collecte des impôts, dans les petites localités, s'opérait par l'un des principaux habitants désigné chaque année au suffrage. Il avait la responsabilité des sommes imposées, qu'il devait faire rentrer à ses risques et périls, Aussi c'était à qui ne serait point chargé de ce pénible office, et l'on était arrivé dans certaines paroisses à décider d'accord commun que les collecteurs ne pourraient entrer en charge plus d'une fois dans l'espace de dix années. Ce procédé défectueux allait disparaître, remplacé par le système adopté de nos jours.

Au milieu de ce bouleversement de choses et d'idées, à travers cette perturbation profonde qui venait d'ébranler jusqu'aux dernières assises de la société, les esprïts pleins de lassitude et saturés outre mesure de ces nouveautés et de ces démonstrations extérieures, paraissaient ne plus aspirer qu'au repos, et ne montraient pas même un semblant d'enthousiasme pour les fêtes périodiques que le cours du temps ramenait à leur tour.

Le 1er vendémiaire, an VI (22 sept. 1797), était le jour précis où commençait l'année nouvelle et où devait être fêtée la fondation de la République.

Le Conseil délibéra « qu'en exécution de la loy ordonnant la célébration de la fête de la fondation de la République il serait fait une proclamation pour inviter le peuple et les fonctionnaires. »

« Ce qui ayant été exécuté, l'administration municipale s'est rendue en écharpe accompagnée de tous les fonctionnaires, et de nombre de citoyens de la commune sur la place de la Liberté, au pied de l'hôtel de la patrie, où après un discours analogue aux circonstances, elle a renouvelé son serment de haine à la Royauté, de soumission aux lois du gouvernement et d'attachement inviolable à la chose publique.

« Après quoi, le peu de ressources et le dénuement de fonds dans lequel se trouve lad. administration ne lui permettant pas à son grand regret de donner à cette fête plus d'étendue et de pompe, elle s'est retirée dans le lieu de ses séances. »

Combien sobre est la relation de cette fête, si on la compare à celles que l'on a lues déjà ! A travers cette sobriété et cette concision, ne voit-on pas l'absence de concours et le défaut absolu d'enthousiasme ? Le peuple en avait assez de ces cérémonies creuses et vides de sens que l'on jetait sur sa route pour lui faire oublier sa misère présente et ses terreurs passées.

D'autre part, la sécurité ne régnait pas dans les campagnes, et le désordre, favorisé par l'état de désorganisation, suite naturelle des mutations diverses qui venaient de s'opérer, n'était point facile à réprimer.

« Le 14 frimaire, an VI (4 décembre 1797), Michel Garrel de Thoras est grièvement blessé d'un coup de fusil. »

Le 14 du même mois, à Pousas, le nommé Charreyre, pauvre mendiant qui de temps à autre allait quêter son pain, un jour où il gardait ses chèvres, fut assailli par quatre scélérats qui le frappèrent à coup de pierres et de bâton. On lui cassa un bras, une jambe et plusieurs côtes.

Quelle sanction donner à ces méfaits ? Les gardes nationales avaient cessé d'exister, il n'en est plus question du moins, et les gendarmes avaient assez à faire à rechercher et ramener les réfractaires. Il y avait bien quelques gardes, mais leur rôle se bornait à la surveillance des terres.

« Le 22 prairial, an VI (10 mai 1798), le receveur de l'enregistrement fondé sur la probité avec laquelle le citoyen P. Roziers a constamment rempli les fonctions de garde dans les bois de Meyronne ayant appartenu à l'émigré Domangeville, a présenté à l'administration ledit Roziers pour continuer les mêmes fonctions. L'administration, considérant combien il était urgent de prévenir le dépérissement des bois, et convaincu aussi de la conduite sans reproche du dénommé, a arrêté après avoir entendu le commissaire du pouvoir exécutif que ledit P. Roziers est nommé garde du bois de Meyronne, aux apointements de trois cents livres par année. »

Entre temps s'opéraient, dans les divisions territoriales des réformes dont un certain nombre devaient plus tard subir un nouveau remandement.

Le 23 nivôse an VI (12 janv. 1798), il est décidé que les villages du Mond et de Bugeac qui appartenaient à la commune de Saugues, seront réunis à celle de Grèzes.

La commune d'Esplantas sera réunie à celle de Saugues. Celle de Vabres à Saint-Vénérand, celles de Véreirolles et Croizances à celle de Vazeilles.

Nous savons par l'état de choses actuel que la première modification intéressant Grèzes fut la seule qui subsista, et fut ratifiée le 5 août 1818. Quant aux autres, il ne fut pas donné suite à leur exécution.

La liberté du Culte, si, dans ce pays

de Saugues, elle était accordée aux habitants par la tolérance des autorités locales, n'existait point d'une façon officielle.

M. Boulangier, redevenu maire de Saugues, écrit au commissaire central :

« Les prêtres étant restés tranquilles et soumis aux lois depuis ma nomination, le 4 nivôse, jour de dimanche (24 déc. 1797), j'appris qu'ils s'étaient rendus dans les campagnes où ils avaient dit la messe le lendemain jour de Noël. Ils l'ont dite publiquement dans la maison d'hospice de cette commune. Hier (9 nivôse), la même chose est arrivée ; on les a dittes pareillement dans toutes les communes du canton, sans cependant que la tranquillité publique en ait reçu aucune atteinte. Je vous prie en conséquence de me montrer le chemin que j'ai à suivre dans cette pénible circonstance. »

Nous n'avons pas la réponse du commissaire.

CHAPITRE XVI

Les victimes : de Vergèses. l'abbé ,Bou-
doussier, l'abbé Prolhac, J.-Claude
Meyronenc de Giberges, Mathieu Blardon de Thoras, l'abbé Torrent de
Saugues, J. Vidal de Montrazon, maire
de Thoras. — Les condamnés : Lacoste,
André Carlet, Vidal fils. — Les proscrits.

L'ère des proscriptions était close : les
prisons avaient rendu les captifs à la liberté, l'échafaud n'avait pu rendre à la
vie ses victimes.

Saugues avait fourni son contingent à
la sinistre guillotine.

On a vu comment le maire de Saugues, Jacques-Louis de Vergèses, devenu juge de paix, fut déféré aux tribunaux, traîné à Paris et exécuté le 16 juillet 1794.

La seconde victime fut l'abbé Boudoussier, ancien vicaire de Monistrol-
d'Allier, qui, après avoir refusé tout serment, se dérobait dans les localités voisines. Pendant de longs mois, il avait
réussi à se soustraire aux recherches,
les temps avaient marché, Robespierre
avait porté sa tête sur l'échafaud, et il
semblait que le régime de la Terreur allait prendre fin, lorsque, un jour qu'il
s'était réfugié au petit hameau de Chazaloux, à sept ou huit kilomètres environ de Saugues, l'abbé Boudoussier fut
arrêté de nuit dans les circonstances suivantes.

Vers onze heures du soir, un membre
du comité de surveillance, rencontre,

dans la rue du Portail del Mas, deux paysans « conduisant un cheval et portant un baril de vin, tenant neuf à dix bouteilles. » L'heure indue, la nature de leurs provisions font naître dans son esprit le soupçon que c'est pour ravitailler des gens suspects. Aussitôt il appelle « la Garde Martiale » fait conduire au corps de garde les individus appréhendés qui sont soumis à un interrogatoire immédiat. L'un est le berger du village de Chazaloux, commune de Monistrol-d'Allier, l'autre le bouvier d'Hermet, dit Garrel, également de Chazaloux. Comme on avait, dans ce lieu, la décade dernière, fourni à un déserteur, arrêté depuis, des habits de femme pour se travestir, sur la réquisition des citoyens Girond et Beraud, un détachement de vingt hommes est mis sur pied, et, renforcé d'un gendarme, se dirige sur Chazaloux à petit bruit. Une fois arrivé, après environ une heure et demie de marche, le détachement investit la maison Portal et procède aux perquisitions. On découvre d'abord un déserteur qui « dit s'appeler François Roux, du lieu de Ramourouscle, paroisse de Bains »; en fait, il s'appelait François-Hubert Achard, du Bouchet, paroisse de Saint-Berain. Des perquisitions plus minutieuses font découvrir encore dans une cachette pratiquée entre le ciel du lit et le plancher de la grange, l'abbé Boudoussier, jadis vicaire de Monistrol-d'Allier. Il avait avec lui un fusil à deux coups, de la poudre et du plomb, des hosties consacrées dans une boîte en argent, et une seconde boîte contenant les saintes huiles qu'il jeta « au feu et de laquelle on ne retira que des morceaux de fer blanc ». La tradition et les auteurs qui ont écrit le récit de cette arrestation et de ses suites (1), rapportent qu'après que les prisonniers eurent été attachés, ainsi que Jean et Pierre Portal, Joseph Amant, bouvier, du lieu de Recoules, Madeleine Vacheron de Peissis, nièce des frères Portal, Marguerite Laurent de Cubelles, la vachère, et Jacques Cathébard, le bouvier de la veuve Hermet, le détachement, ses chefs en tête, se livra à une honteuse orgie qui a valu depuis à tous ceux qui assistèrent à cette expédition, la cuisante épithète de « Mange-lard de Chazaloux ». Puis l'on reprit la route de Saugues où l'on arriva vers les neuf heures et demie du matin, car c'est l'heure, d'après le procès-verbal d'arrestation (2) que nous suivons dans ce récit, à laquelle les prisonniers furent transférés au corps de garde. Le départ de Saugues avait eu lieu à une heure après minuit, le 24 fructidor, an II, (10 septembre 1794). Vers onze heures du matin, Joseph Comte fut conduit à son tour devant le comité de surveillance pour avoir possédé chez lui des livres de dévotion et des vêtements ecclésiastiques. Le comité le condamne à être incarcéré provisoirement dans la prison de Saugues, tandis que tous les autres prisonniers devront être de suite conduits au chef-lieu du district.

On juge de la douloureuse stupéfaction qui saisit tous les habitants de Saugues à la nouvelle de ces arrestations.

(1) *Notice sur l'abbé Boudoussier*, par l'abbé Freycenon, curé à Monistrol-d'Allier. Impr. J.-M. Freydier, Le Puy, 1876.

J.-Ant. Boudoussier, par l'abbé Pourcher, impr. Pourcher, sans date.

Jacq. Boudoussier, par M. l'abbé Arsac, directeur de la *Semaine religieuse* du Puy, Impr. Prades-Freydier 1894. Cette dernière notice est des trois la plus complète et la plus attachante.

(2) *Sem. religieuse* du Puy, ann. 84-85, p. 611.

C'était le premier prêtre que l'on arrê-
tait de la sorte.

Le même jour les prisonniers escortés
par la force armée partent pour le Puy,
et vont coucher à Saint-Privat. Repartis
de Saint-Privat le lendemain, 11 septembre, ils arrivent au Puy en ce même
jour, assez tôt pour être écroués dans la
maison de détention de cette ville : « Ce
jourd'hui vingt-cinq fructidor... le citoyen Girond, membre du comité de
surveillance de Saugues-la-Montagne, a
conduit dans la maison de justice du tribunal criminel du département de la
Haute-Loire ,les nommés Jacques Boudoussier ex-prêtre et vicaire de Monistrol-d'Allier, François-Hubert Achard...
Jean Portail, Jean-Pierre Portail, Joseph
Amand, Pierre dit Quatre-Bras d'En-
dreage (Andreuge), Marguerite Laurent
et Madeleine Vacheron, tous saisis à Chazaloux, commune de Monistrol-d'Allier,
lesquels nous dit commissaire avons
écroués et recommandés au citoyen Chabrier,concierge de ladite maison qui s'en
est chargé sous sa responsabilité et a signé avec nous dit commissaire, Chabrier, Girond, commissaire, membre
du comité de Saugues-la-Montagne (1). »

Le lendemain, 12 septembre, les prisonniers comparaissent devant le tribunal révolutionnaire du Puy qui, séance
tenante, statue sur le sort de l'abbé
Boudoussier et de Hubert Achard qu'il
condamne à la peine de mort. Le jugement fut exécuté le même jour.

« En vertu du jugement rendu par le
tribunal criminel ce jourd'hui, lesdits
Jacques Boudoussier et Hubert Achard
ont été guillotinés et mis à mort ce vingt-
six fructidor... Chabrier (2). »

(1 et 2) G. Arsac, p. 20 et 25.

L'abbé Boudoussier avait trente ans, sept mois et vingt-six jours ; il était originaire de Croisances.

Cette douloureuse exécution laissait à celui qui en fut la victime l'auréole du martyre : son nom est resté depuis lors entouré de respect, et les objets venus de lui sont conservés avec une pieuse vénération. Sa mort fut une tache pour notre pays.

Les coupables furent les membres du comité de surveillance, c'est du moins ce qui résulte de la lecture du procès-verbal d'arrestation. La municipalité n'aurait-elle pas pu sauver la victime ? Il est difficile de donner une réponse autorisée : nous constatons seulement que le Conseil ne fut pas appelé à donner son opinion sur ce point qui n'était pas de son ressort, et qu'aucune délibération de ces jours là ne mentionne cette arrestation. Ceux qui avaient coopéré à cette œuvre néfaste courbèrent toute la vie leur tête sous le poids de la honte et du remords, à ce point qu'ils déclaraient que dans cette perquisition « ils pensaient surprendre les Moran- « giés, Labrosse et autres chefs de bri- « gands cachés dans la contrée, et que « si on avait cru trouver un prêtre on « n'aurait pas mis les pieds à Chazaloux, « ou bien on aurait pris une autre direc- « tion (1). » Une complainte fut faite qui se chantait en ces temps-là, et dont les nombreux couplets glorifiaient la victime et stigmatisaient les bourreaux.

Les récits faits de cet événement, pour s'être appuyés sur la tradition sans con

(1) *Freycenon*, p. 24. L'auteur ajoute que cette protestation n'est guère conciliable avec l'acharnement déployé contre le prisonnier.

trole suffisant, renferment une légère inexactitude (1).

Les compagnons de captivité de l'abbé Boudoussier, retenus dans la maison de détention du Puy, furent mis en liberté le 3 Nivôse an III (23 décembre 94) (2).

Une troisième victime est l'abbé Ignace-Hyacinthe Prolhac.

L'abbé Prolhac, pour se soustraire aux recherches dont il était l'objet, s'était retiré au Puy. Là, de braves et pieuses femmes le cachaient et fournissaient à sa subsistance, dans l'ancienne maison curiale de Saint-Vosy, lorsque, nous ne savons comment cela se fit, il fut découvert et arrêté par les sbires de la Révolution. Il fut écroué le 6 vendémiaire, an III (27 sept. 94) (3) en compagnie de

(1) Ils affirment, dans une scène un peu sensationnelle, que l'abbé Boudoussier, marchant à l'échafaud, aurait donné sa montre à l'un de ceux qui l'avaient arrêté (*Freycenon*, p. 57, *Pourcher*. p. 14). Or les captifs aussitôt pris avaient été dépouillés de tous les objets saisis sur eux, comme c'était l'usage d'ailleurs. Le 15 Messidor an III (3 juillet 1795), le maire et les officiers municipaux de Croisance étant venus prier la municipalité de Saugues de retirer du greffe du Puy les objets saisis sur l'abbé Boudoussier lors de son arrestation, le citoyen Lavalette, délégué pour cette démarche, rapporte à son retour que « quant à la montre, nous « avons été édifiés dans les registres qu'elle fut vendue « à Viale, horloger, que celui-ci l'a vendue à un cultiva- « teur de Soliniac, que Coquelin nous a dit connaître, « et qu'il s'informerait de lui s'il voulait obliger les « réclamants à la leur recéder, qu'enfin il nous en don- « nerait avis sous peu de jours. » (Archiv. municip. de Saugues. *Sem. relig.* du Puy, 1899, p. 239.)

(2) « En vertu de l'arrêté du citoyen Pierret, repré- « sentant du peuple, ai décroué Jean et Jean-Pierre « Portal, Joseph Amand, Jacques Quatre-Bras, Margue- « rite Laurent et Madeleine Vacheron, et mis en liberté « sur-le-champ ce trois nivôse, troisième année. » « (G. Arsac, *ibid.*, p. 26.)

(3) Ce jourd'hui, 6 vendémiaire, an III de la République, le citoyen Lefranc, huissier au tribunal criminel du département de la Haute-Loire, séant au Puy, a conduit dans la maison de justice Ignace-Hyacinthe Prolhac, prêtre réfractaire, se disant de Mende, et Marguerite Jeaugit

Marguerite Jeaugit et Françoise Valery, qui le recelaient, et auxquelles furent jointes Germaine Reynaud et Jeanne-Marie Laverne, également accusées de recel. Le lendemain, il comparaissait devant le tribunal criminel du Puy, et était condamné à mort :

« Du 7 vendémiaire, an troisième de la République. Vu par ledit tribunal le procès-verbal d'arrestation fait par le juge de paix et par la municipalité de la commune du Puy de la personne d'Ignace-Hyacinthe Prolhac, prêtre, originaire de la commune de Saugues, l'interrogatoire subi par ledit Prolhac ce jourd'hui. Ouï l'accusateur public en ses conclusions. Considérant que le nommé Ignace-Hyacinthe Prolhac, en sa qualité de prêtre, quoique non fonctionnaire, étoit néanmoins soumis au serment prescrit par la loi du 14 août 1792 ; que d'après son aveu il ne s'y est pas conformé : qu'il a été saisi sur le territoire de la République, qu'il conste du susdit procès-verbal d'arrestation.

« Vu qu'il ne s'est point rendu dans la maison de réclusion et qu'il ne s'est pas non plus présenté à l'administration du département pour son embarquement et déportation en exécution de l'article 2 de la loi du 22 floréal et de l'article 15 de celles des 29 et 30 vendémiaire dans les délais y énoncés ; le tribunal l'a convaincu d'avoir été sujet à la réclusion et à la déportation. En conséquence, ordonne qu'il sera dans les vingt-quatre heures livré à l'exécuteur des ju-

avec Françoise Valery prévenues d'avoir recelé chez elles ledit Prolhac, lesquels nous avons laissé à la charge et garde de Chabrier concierge qui s'en est chargé et a signé avec moi ....

(Reg. d'écrous des archives départementales, Communic. de M. l'abbé G. Arsac.)

gements criminels et mis à mort de conformité aux articles 2, 5 et 15 des susdites lois ; déclare ses biens acquis et confisqués au profit de la République, ordonne qu'à la diligence de l'accusateur public le présent jugement sera mis à exécution sur la place de la Liberté de cette commune ; qu'il sera imprimé au nombre de trois cents exemplaires, à la suite de celui rendu le jour d'hier contre le nommé Faure pour être publié et affiché dans toute l'étendue du département.

« Fait et prononcé le 7 vendémiaire, l'an III de la République Française une et indivisible par les citoyens Jean-Jacques Chevalier président, François Hyacinthe Vernet, Jean-Louis Laurent, Auguste Liogier premiers juges de tour qui ont signé avec le greffier... Pour extrait conforme à l'original, Chevalier président, Joucerand, greffier. »

(Au Puy, de l'imprimerie de B. Clet, imprimeur du département) (1).

L'exécution de ce jugement ne traîna pas en longueur : « En vertu du jugement rendu ce jourd'hui par le tribunal criminel, ledit Prolhac a été guillotiné et mis à mort ce 7 vendémiaire, an III de la République, (28 sept. 1794) » (2).

Le 13 janvier 1795, en vertu d'un arrêté du citoyen Pierret, représentant du peuple, Marguerite Jeaugit, Françoise Valery, Germaine Reynaud et Marie Laverne furent rendues à la liberté.

(1 et 2) Communic. de M. l'abbé G. Arsac. L'acte d'exécution est extrait des registres des archives départementales et le jugement d'un placard imprimé.

Dans le Tome III des *Municipalités du Puy sous la Révolution*, (A. Boudon), on lit : « Ignace-Alexandre Prolhac, prêtre, de Saugues, âgé de 64 ans, décapité le 23 sept. 94. » On voit qu'il faut rectifier deux légères inexactitudes : le prénom, Hyacinthe, au lieu d'Alexandre, et la date, le 28 au lieu du 23 sept,

Furent encore condamnés à mort, par jugement du tribunal du Puy, en date du 29 ventose an II (20 mars 1794), Jean-Claude Meyronenc de Giberges et Mathieu Blardon, scieur de long et cabaretier de Thoras :

« Jean-Claude Méronen (de Giberges),
« pour s'étre joint sans violence à l'at-
« troupement qui le trouva dans un
« champ ayant son fusil et sa giberne
« caché dans le blé qu'il moissonnait ;
« avoir été chez lui pour prendre son ha-
« bit d'uniforme et des guêtres rouges,
« et avoir dit à ceux de la troupe qui lui
« dirent de le suivre, qu'il les attendait
« depuis deux jours, qu'il commençait à
« désespérer de les voir ; d'avoir encore
« dit à un des chefs de la troupe que si
« on faisait bien, on investirait la mai-
« son du citoyen Prolhac de Venteuges,
« pour tomber ensuite sur Saugues où
« il n'y avait qu'une vingtaine de patrio-
« tes qui ne manqueraient pas de fuir à
« leur approche, que de suite on leur en-
« lèverait les armes et les munitions (1).

« Mathieu Blardon pour avoir été le
« visage noirci et sans cocarde dans l'at-
« troupement qui a eu lieu au village de
« Grèze, où les brigands se sont livrés
« au pillage, ont commis des vexations
« en faisant contribuer des particuliers
« pour des sommes considérables, ont
« enlevé des fusils et des piques appar-
« tenant à la municipalité et coupé l'ar-
« bre de la Liberté (2).

L'arrêt devait être exécuté dans les vingt-quatre heures.

Nous n'avons pas l'acte d'exécution de ces deux victimes.

(1) La *Révolution de 1789 dans le Velay* (M. Rioufol) p. 218.
(2) *Ibid.*

En cette même audience du 29 ventose, les juges condamnèrent à mort, par défaut, Lacoste, ex-gendarme de Saugues, André Carlet, bouvier de Saugues et Vidal fils premier de Jean Vidal de Montrazon, commune de Thoras, « convaincus d'avoir été chefs instigateurs et embaucheurs d'attroupements contre révolutionnaires tendant au rétablissement de la royauté, ou comme auteurs et complices de pillages et dévastations. »

Mais les condamnés échappèrent par la fuite à la sentence qui les frappait.

Par ce même jugement du 29 ventose, le fils Noton (Nauton) de Vazeilles, fut condamné à la déportation, ses biens, ainsi que ceux des inculpés qui précédent, confisqués au profit de la république ; François Regourd, tisserand de la commune de Saugues, J.-B. Mathevet de Pontajou, et J.-F. Beraud, second de Saugues déclarés suspects.

J, Blancard, domestique chez Vidal, maire de Thoras, le Sourd, du Rouve, Martin, cafetier, et Serveyre second de Saugues, J. L. Merle, domestique à Lavès, Fraisse, berger à Pinatel, commune de Chanaleilles, J.-B. Merle de Venteuges, furent déclarés acquittés de l'accusation d'attroupements séditieux et mis en liberté,

J. Vidal de Montrazon, maire de Thoras, avait fait de sa demeure le centre de ralliement des contre-révolutionnaires des localités voisines. Les brigades de la Lozère le firent prisonnier et le conduisirent dans la maison d'arrêt de Mende. Le 23 août 1793, alors que Vidal était détenu dans les prisons du chef-lieu de la Lozère, sur la réquisition verbalement faite par Riou, commissaire du département, le juge de paix de Saugues vient faire l'inventaire de tous « les biens

+

« meubles, fruitz, cabaux et bestiaux,
« appartenant audit Jean Vidal. »

Le 25 sept. 1793, les meubles, fruits et
bestiaux inventoriés, comme il est dit
précédemment, sont mis en vente et pro-
duisent la somme de 5.461 livres et 15 sols.

En ventôse, an III de la République
(février 1795), Claudine Teyssandier,
femme de Jean Vidal était veuve, ce qui
semble indiquer que son mari fut exécuté. Jean Vidal est d'ailleurs signalé
comme condamné à mort dans l'ouvrage
La Révolution de 1789 dans le Velay
(M. Rioufol), p. 275. »

Deux auteurs (M. Rioufol, p. 275 et A.
Boudon *Les Municipalités du Puy pendant la Révolution*, III, p. 314), annon-
cent l'exécution de Louis-Alexandre
Torrent, chanoine de Saugues, sur qui
nous n'avons pu trouver aucun rensei-
gnement.

Une autre victime appartient encore
au canton de Saugues : Thomas de Do
mangeville, dernier seigneur de Meyronne près Venteuges.

Il avait pris part à l'émigration et ren-
trait souvent en France sous divers dégui-
sements en traversant le Rhin à la nage ; à
cause de cela on l'appelait l'hirondelle
des émigrés. Fait prisonnier et emmené à Paris, il fut guillotiné le 25
mai 1794 (1).

Après les victimes, ne convient il pas
de citer les proscrits qui dérobèrent leur
tête à l'échafaud par l'émigration ou en
se cachant dans les campagnes, et ceux
qui, jetés en prison, y restèrent tempo-
rairement jusqu'à ce que la fin de la
terreur vint les arracher à la sentence
qui les menaçait :

(1) V. *les Seigneurs de Meyronne*, p. 17.

Beraud P., chanoine de Saugues (1).

Bessière, curé de Servières.

Blanquet Jacques, curé de Thoras.

Bonhomme François-Gabriel, chanoine de Saugues.

Boulanger François, chanoine de Saugues.

Bouquet J.-B., chanoine de Saugues.

Chastel de Servières, J. François (de), Châteauneuf-Randon d'Apchier, Jean-Joseph (de), père et fils.

Coston Dominique, chanoine de Saugues.

Crouzet J.-Joseph, né à Vazeilles en 1762, vicaire à Saint-Préjet, déporté en 1794 sur le vaisseau le *Républicain*.

Victor du Buisson, d'Ombret.

Dupré J.-B., curé de Monistrol-d'Allier.

Enjelvin Joseph, chanoine de Saugues.

Enjelvin Hilaire, déporté.

Enjelvin Alexandre, chanoine du Puy.

Gibert Antoine, curé de St-Préjet.

Guilhe J.-Ant. chartreux, de Monistrol-d'Allier.

Hermet Simon, chanoine de Saugues.

Lobérie (de), fils 1er de Saugues.

Manson, chanoine de Saugues.

Meynard J.-Claude, prieur de Prades, en réclusion au Puy, ensuite détenu au fort du Hâ.

Milhet Dominique, fils de Joseph, teinturier à Saugues.

Molherat Aug., prêtre de Saugues.

Montvallat J.-B., chanoine de Saugues.

Prolhac, fils 1er, de Saugues.

(1) Extrait des *Municipalités du Puy pendant la Révolution*, t. II, p. 281 et suiv. (A. Boudon).

Prolhac Ant.-Annet, curé et chanoine de Saugues.

Rampand Louis, ex-curé d'Esplantas.

Richard Vital, chanoine de Saugues.

Robert J.-B., prieur de Saugues.

Romieu Jacq., ex-curé de St-Vénérand.

Rougeiron Louis, vicaire de Saugues.

Roure Pierre, vic. de Vazeilles-près-Saugues.

Servière J.-Joseph (De Chastel de) chan. au Puy.

Tardieu G., ex-curé de St-Vénérand.

Teyssier Vital, curé de Cubelles.

Beraud Auguste.

Gailhard, vicaire à Chanaleilles.

Un certain nombre de prêtres étrangers, dont quelques-uns venus de loin, dans l'espoir que cette contrée leur serait plus hospitalière, se cachaient aussi dans la commune.

« Joachim Ganilhe, prêtre insermenté, ci-devant professeur de théologie au collège de Saint-Flour, âgé de 68 ans, décédé au mois d'août 1694, a résidé dans cette commune sans interruption depuis le mois de Juillet 1792 (vieux style), jusqu'au commencement du mois d'août 1794, se retira au village de la Rouffiage (commune de Pébrac), voisin de ce chef-lieu de canton, où après avoir séjourné huit jours, il décéda dans la maison du sieur Romeuf (corr. Barthomeuf) dit Pointu, cultivateur au lieu de la Rouffiage, les citoyens Chambon et Cubizolles attestent lui avoir donné leurs soins et ensuite fait eux-mêmes l'inhumation dudit Ganilhe dans un champ situé derrière la grange dudit Romeuf et qui fut couvert par un pignon de bléd, à cause du moment de terreur. » (1)

____

(1) Registres de la municipalité de Saugues.

Vincent Oriol, prêtre insermenté, curé de Saint-Vidal, âgé de 46 ans.

Laurent Durand, prêtre insermenté, ci-devant curé de Vazeilles.

Mathieu Bernard, ci-devant curé de Saint-Christophe et prêtre insermenté, 41 ans, marqué de la petite vérole.

Pierre Bonnal, insermenté, ci-devant vicaire de Saint-Christophe, 40 ans.

Jean Vernon, vicaire de Saugues, insermenté, 31 ans.

J.-P. Laurens, insermenté, ci-devant attaché à la chapelle des fonts baptismaux de la commune du Puy, 37 ans.

P.-Ant.-Louis Martin, insermenté, curé de Mazeirac, 46 ans.

François Dumas, insermenté, curé de Langeac, 53 ans.

J.-François Croze, curé de Salzuit, insermenté, 44 ans.

Pierre Nozière, prêtre et principal du ci-devant collège de Saint-Flour, insermenté, 51 ans et demi.

La majorité des proscrits qui viennent d'être cités et les prêtres étrangers signalés en dernier lieu, la Terreur finie sortirent de leur retraite et de Messidor an III à Brumaire an IV (juin-octobre 1795), reçurent du conseil de Saugues un certificat de résidence pour n'avoir point émigré et s'être cachés dans la région.

Les registres de cette époque sont remplis de ces attestations. Deux ou trois témoins venaient, devant le Conseil, affirmer que le citoyen en question avait résidé dans la commune durant la Terreur, et le Conseil, sur ce témoignage, rédigeait le certificat de résidence demandé.

Les proscrits purent dès lors vivre au grand jour sans être inquiétés.

D'autres personnes encore eurent maille

à partir avec la justice et se virent menacées dans leur existence ou dans leur liberté. En septembre 1793, Louis-Clément de Morangiès, brigadier à la gendarmerie de Saugues, abandonna son poste et se cacha dans les bois pour échapper à l'incarcération qui le menaçait. Le 27 juin 1795, il reçoit un certificat de résidence du Conseil de Saugues : « Ledit Clément-Louis-Molette Morangiès, ci-devant brigadier, âgé d'entour trente ans, a résidé sans interruption dans cette commune, depuis le onze ventôse dernier jusqu'à ce jour où il s'est caché pour se soustraire aux persécutions du régime tyrannique ».

Le 8 Juin 1791, est écroué dans la maison de détention du Puy, J.-Antoine d'Abrigeon, maréchal-ferrant du lieu de Clause-Grèzes (1).

Le 4 avril 1793, « la garde nationale du Puy, accompagnant le citoyen Mirmant, officier municipal, par ordre des citoyens de la Convention nationale du 3 mars 1793, sont écroués... J. B. Cubizolle, laboureur, et Pierre Arnaud, déserteur. Ledit Cubizolle, mis en liberté le 6 juin 1793, et ledit Arnaud conduit à son bataillon le 13 avril (2) ».

« Le 23 prairial an II (11 juin 1794), écrou par la brigade de Privat-la-Roche, de Brousset et de sa femme, concierge de la maison de police municipale et correctionnelle de la commune de Saugues, prévenus d'avoir laissé évader quelques jeunes gens se disant de la réserve que le comité de surveillance dudit Saugues a fait arrêter, et ce, d'après l'attestation consignée dans le procès-verbal.... Mis en liberté le 17 Messidor, an II (5 juillei 1794) ».

____

(1) (2) Communic. de M. G. Arsac.

« Le 12 Messidor an II (30 juin 94), la gendarmerie de Saugues amène J.-Antoine Debard, journalier du lieu de Croisances, prévenu d'avoir le 16 ou le 17 du mois d'août dernier (style esclave) sonné les cloches dudit lieu pour faire assembler les hommes de la commune de Croisance, pour les inviter à se rendre au rassemblement qui devait se faire à Thoras ou à Montrazon...

En vertu de l'ordre du citoyen Pierret, représentant du peuple.... mis en liberté le 3 nivôse, an III (3 déc. 1794) (1).

« Le 12 Messidor an II, la gendarmerie de Privat-la-Roche amène Jean Chabalier, dit Champagne, tisserand du lieu de Brémand, commune de Saint-Christophe, accusé d'avoir été du rassemblement qui eut lieu dans les bois de Baragniac, dans le courant d'août dernier (style esclave), et d'avoir agi pour l'anéantissement de la République... Mis en liberté le 15 Thermidor an II (2) ».

(1) (2) Communic. de M. G. Arsac.

APPENDICE

RÉORGANISATION DU CULTE. — LE CONCORDAT. — LES ÉCOLES. — M. JOACHIM BARRANDE, PRÉCEPTEUR DE MGR LE COMTE DE CHAMBORD. — LISTE DES MAIRES DE SAUGUES DEPUIS LA RÉVOLUTION.

La terre de France allait enfin se reposer des secousses formidables qui l'avaient si profondément ébranlée : l'ère des proscriptions était close, comme aussi celle des démolitions inutiles et des injustes exécutions. Et vraiment était-il nécessaire que les modifications apportées à l'état social par le régime nouveau fussent introduites au prix de tant d'assassinats juridiques et de si barbares destructions. En quoi les torrents de sang versé et ces listes interminables de proscrits (1) pouvaient-elles consolider les réformes acquises ?

On a voulu faire de cette époque, de ses événements, de ses doctrines et de ses principes, un bloc intangible, on a voulu en glorifier tous les personnages, en approuver toutes les scènes, même celles où l'on ne voyait au premier rang que de sinistres figurants, coiffés de bonnets rouges, forçats de toutes marques, que les bagnes avaient vomis, on a voulu applaudir à toutes les passions qui se firent jour et détournèrent à leur

____

(1) « On calcule qu'au sortir de la Terreur, la liste « totale des fugitifs et des bannis contenait plus de « 150.000 noms...

« Dans la seule ville de Lyon, un correspondant de « Robespierre, Cadillot, lui annonce 6.000 exécutions...

« On peut estimer que, dans les onze départements « de l'Ouest, le chiffre des morts de tout âge et de tout « sexe approche d'un demi-million » (Taine, _La Révol._, III, p. 381-388-392).

profit le cours normal des événements.
Mais les esprits sensés font bonne justice de ces prétentions, et, à travers ce
qui fut bien, savent démêler ce qui fut
mal et reconnaître ce qui demeure inac-
ceptable. De douloureux exemples nous
ont montré récemment que ces grands
et immortels principes de liberté, d'é-
galité et de fraternité que l'on croyait
acquis à tout jamais, dès lors que leur
violation fait le jeu des passions humaines, sont foulés aux pieds par ceux-là
même qui s'en réclament si hautement.
Pas n'est besoin d'être grand clerc pour
reconnaitre que les Révolutions ne sont
généralement autre chose que la poussée
formidable d'appétits inassouvis, de
convoitises inavouables qui se ruent à
la curée comme le fait une meute déchaînée.

La Révolution était donc finie ; le Directoire, avec ses phases diverses, venait
de prendre fin ; le Consulat lui succédait,
la réorganisation allait se continuer dans
de meilleures conditions.

C'est à la suite de cette évolution que
le 20 thermidor, an VIII (8 août 1800),
M, André Prolhiac fut installé comme
maire de Saugues en remplacement de
M. Boulangier. J.-B. Hébrard était nommé
adjoint, et Ant.-L. Boulangier, secrétaire
au traitement de 500 fr.

Dans le cours du mois suivant, furent
nommés membres du Conseil municipal : Louis-A. Torrent, Ignace de Labretoigne de Lavalette, médecin ; J. Gignac,
cultivateur ; Louis Beraud, expert-géo-
mètre ; J.-Joseph Vernet, homme de loi :
Louis Boulangier, propriétaire ; Aug.
Bonhomme, J.-Claude Regourd, J.-Jo-
seph Torrent, J.-Basile Lyon, les uns et
les autres, maire, adjoints, conseillers,
tous désignés par le préfet.

Etait-ce vraiment la peine d'avoir fait une si grande révolution pour laisser ainsi centraliser tout le pouvoir entre les mains de l'administration, et n'avoir plus la faculté de nommer, comme auparavant, les conseillers aux suffrages des citoyens ?

Cependant, dans toute la France, les sentiments religieux des populations jusque-là comprimés par la tyrannie, commençaient à se manifester ouvertement et l'expression en arrivait jusqu'au premier Consul Bonaparte. D'autre part, les détenteurs des biens religieux vendus à vil prix, craignaient d'être évincés lors du retour du calme et de la paix. Le premier consul, par un accord avec le Pape Pie VII, résolut de régulariser la situation.

Le Concordat daté du 15 juillet 1801, établit que, en représentation des biens spoliés de l'église de France et dont l'aliénation demeurerait acquise, l'Etat contractait l'obligation de payer désormais aux membres du clergé une indemnité convenable. Ce pacte était vraiment un contrat bilatéral ; s'il consacrait, d'une part, entre les mains de leurs détenteurs, la possession des biens religieux, il stipulait en compensation le traitement payé aux prêtres par l'Etat, traitement non facultatif et arbitraire, mais obligatoire, au même titre que la dette nationale. Par ce fait, la suppression des traitements ecclésiastiques devenait donc une injustice, disons le mot, un vol indéniable.

Par ce fait encore, la suppression du budget des cultes, que, par un délicat euphémisme on dénomme la dénonciation du Concordat ou la loi de Séparation des Eglises et de l'Etat, n'est autre chose qu'une odieuse spoliation exercée

par le plus fort contre le plus faible (1).
N'ayant pas en face d'eux quelques milliers de soldats chargés de défendre le
bon droit, nos modernes législateurs se
sont sentis assez courageux pour oser
nier leur dette, tout comme le débiteur
qui renie sa signature en face d'un créancier qu'il sait désarmé et impuissant.

C'est enfin une atteinte injustifiable
au droit de propriété, le plus sacré et le
plus inviolable.

Le Concordat comportait d'autres articles : la religion catholique était déclarée la religion de la majorité des Français. Le dimanche était rétabli ; quatre
grandes fêtes devaient être chomées. Un
mode de nomination était institué pour
désigner les titulaires des sièges épiscopaux vacants et ceux des cures· les plus
importantes. Enfin, sous prétexte de régler la police des cultes, Bonaparte faisait rédiger les articles organiques à
l'insu du pape qui ne les a jamais admis.

Après la signature de ce pacte, il fut
procédé dans toute la France à la réorganisation du culte catholique.

En l'an XI, (1802), le conseil municipal
de Saugues, se réunit pour statuer, conformément à l'arrêté du préfet, sur les
dépenses nécessaires au culte divin et
pour les réparations à faire à l'église et
au clocher.

---

(1) Le traitement des ministres du culte n'a aucunement le caractère d'une subvention temporaire et d'un
secours transitoire, c'est l'accomplissement d'une obligation stricte née d'un contrat, c'est le paiement d'une
créance aussi rigoureusement due que les arrérages de
la rente inscrite au Grand Livre de l'Etat.

Cesser brusquement ce paiement sans motif aucun.,.
c'est désavouer une signature officielle, c'est commettre
une spoliation, et consommer, selon le mot d'un ancien
ministre (M. Em. Ollivier) une « banqueroute » digne
de toutes les réprobations. ». (*Lettre de Mgr l'Evêque
de Moulins sur la Séparation*, p. 4, Moulins, imprimerie Bourbonnaise. 1905.)

Dans une séance ultérieure, il arrête :

« Art. 1. — Il devra être réparti au marc le franc, dans toutes les contributions directes de l'an XII, de la commune de Saugues, la somme de 2,000 fr., laquelle devra être affectée au traitement des ministres du culte, et aux besoins de la sacristie... »

« Art. 4. — Le nombre des vicaires n'est pas déterminé, le Conseil s'en rapportant à ce qu'en faira N. S. l'évêque. »

En attendant, le Conseil alloue à chacun d'eux, pour frais de logement, nourriture et entretien, la somme de 425 fr. en sus de la pension payée par l'Etat.

Dans l'article 5, on arrête qu'il sera demandé au gouvernement la faculté de faire des réparations au clocher, la sonnerie des cloches étant indispensable à l'exercice du culte.

Enfin on vote une somme de deux cents francs pour le logement d'un ou deux maîtres d'école.

M. de Lavalette était maire en ces jours-là. Il meurt l'année suivante, et le 16 prairial, an XII (5 juin 1804), M. Prolhac père est nommé à sa place par le préfet de la Haute-Loire.

M. Annet Prolhac était curé de Saugues en ce même temps ; il mourut l'an XIII (1804-1805) et eut pour successeur M. Bonnefoi, qui après avoir séjourné quelque temps chez M. de Lavalette vint s'installer dans la maison curiale, le 21 pluviôse an XIII (10 fév. 1805).

Le 20 juillet 1805, la ville de Saugues reçoit, à 2 heures de l'après-midi, la visite de son évêque diocésain, Mgr de Saint-Flour. Les régistres municipaux relatent la curieuse et solennelle réception qui lui fut faite, relation que nous ne reproduisons point à cause de sa longueur.

Quelques années plus tard, le 2 mai 1820, le Conseil priera le Préfet de faire distraire du rôle des dépenses du culte les villages de Servières, la Vaysseire, Mourennes, Viallevielle et Montchauvet, attendu que ces villages ou hameaux dépendant de la commune de Servières entretiennent à leurs frais un prêtre pour le service de leur église particulière et qu'il n'est point juste qu'ils contribuent en deux endroits pour le même objet :

Le 23 novembre 1822, le conseil municipal joindra son vœu à celui du conseil de fabrique pour l'établissement d'un quatrième vicaire chargé de desservir la chapelle de Servières dont il reconnait l'indispensable nécessité fondée sur les motifs qu'il énonce, c'est-à-dire sur la distance qui sépare ce village du chef-lieu, sur sa situation montagneuse, et sur l'abondance des neiges qui y séjournent une partie de l'année.

Plus tard enfin, d'accord commun entre les autorités civiles et religieuses, Servières sera érigé en paroisse et possèdera son desservant.

C'est ainsi que peu à peu fut assuré le service régulier du culte dans la paroisse de Saugues.

Le 24 novembre 1806, dans la salle de la préfecture du département, furent mis aux enchères les immeubles suivants :

« 1º Une chapelle sise à Saugues provenant des ci devant pénitents ; mise à prix .... 240 fr.

« 2º Autre chapelle dite des dominicaines ; mise à prix........ 156 fr.

« 3º Autre chapelle dite des carmélites ; mise à prix............. 120 fr.

Ces immeubles furent achetés par les parties intéressées.

« 4º Autre chapelle dite de Saint-Etienne
situ023e dans la commune de Monistrol-d'Allier, mise à prix..   20 fr.
« 5º Autre chapelle, dite des Tours,
située dans ladite commune de Monistrol, estimée........   30 fr.

Nous ne savons par qui furent achetées
ces deux chapelles. C'était le dernier
écho des ventes faites de ce qui restait
des biens ecclésiastiques déclarés propriétés de la nation.

On a vu que si l'enseignement officiel
pour les garçons avait été tant bien que
mal réorganisé, rien n'était fait pour les
filles. Le jour vint où la municipalité s'é-
mut de cette lacune et avec l'aide d'âmes
dévouées et généreuses voulut la combler.

Assurément, il ne suffisait pas pour
cette lourde tâche du dévouement d'une
seule personne, quels que pussent être
son zèle et sa générosité, et le concours
simultané d'âmes dévouées et désinté-
ressées n'était pas de trop pour mener
cette œuvre à bonne fin.

L'ancien bâtiment des Ursulines était
un local tout indiqué, mais l'abandon
dans lequel il était demeuré, lui avait
été particulièrement préjudiciable. Dans
la nuit du 15 au 16 ventôse, an VII (du
5 au 6 mars 1798), une partie appelée le
Beauregard, s'écroula avec fracas.

Ce bâtiment appartenait à la Nation.
Pour éviter de plus grands désastres, il
fut mis en adjudication en l'an IX, et les
acheteurs l'acquirent aux intentions que
signale le contrat suivant (1).

« Furent présents : André Prolhac,
avocat et maire de la ville de Saugues,

---

(1) Bien que ce document et ceux qui suivent n'aient
pas un rapport immédiat avec la Révolution, nous avons
cru devoir les citer ici « ne pereant ».

J.-B. Hébrard, expert géomètre, adjoint
à la mairie, MM. Louis-Vincent Masson,
conseiller d'arrondissement, Aug. Bonhomme, marchand, Alexandre Torrent,
receveur de l'enregistrement, Claude
Regourd, marchand, Louis Beraud, exp.
géom., Louis Boulangier, propriétaire,
Jos. Torrent, notaire public, J.-Joseph
Vernet, avocat, tous ces derniers membres du Conseil municipal de cette commune, et Dame Marie-Agathe Rose Prolhac, veuve de M. Ignace de Lavalette,
doct. médecin, agissant comme héritière
grevée et comme tutrice de leurs enfants, tous habitants de cette ville de
Saugues, tous lesquels de gré et volonté,
sachant être propriétaires d'une maison
et basse-court attenant, qui était cy-
devant le couvent des dames religieuses
Ursulines de cette ville, dont une partie
leur fut cédée par M. Hylaire-Dominique
Prolhiac, par acte fait en leur faveur, par
devant nous notaire, le 18 messidor an
IX.... et dont ledit Dominique Prolhiac
était devenu adjudicataire, par verbal
du 6 dud. mois fait à la préfecture.... et
l'autre portion dud. bâtiment a aussi été
cédée à tous les surnommés par Louis-
Vincent Masson qui en était aussi devenu adjudicataire par verbal fait à la
préfecture du Puy, le 30 floréal an IX,
partie duquel bâtiment, a été revendue
aux sieurs Beraud et Torrent-Lavès tant
pour faciliter le payement du prix desd.
ventes et en commencer les réparations.

« Lesquelles parties sachant et déclarant n'avoir fait lesd. acquisitions que
pour destiner ce corps de logis à l'établissement d'une maison d'instruction
pour les enfants, renonçant dès à présent et pour toujours, tant pour eux que
pour leurs héritiers ou successeurs, à
toujours, à tout droit de propriété quel-

conque, et à condition que ce qui reste
dud. bâtiment, ne pourra jamais être
employé par la ville et les autorités à un
autre usage qu'à une maison d'instruction pour les garçons ou pour les filles,
ou pour les deux s'il est trouvé suffisant
et convenable..... Reconnaissant aujour-
d'hui que soit le payement du prix et
fraix desd. acquisitions, soit le montant
des réparations déjà commencées ont
épuisé toutes les ressources, que cependant il en reste beaucoup à faire, que,
si elles ne se continuent de suite, non
seulement ils perdent l'espoir de procurer à la ville un si grand bien, mais encore ils se voient forcés de revendre le
tout, afin de s'éviter la douleur de voir
crouler incessamment non seulement ce
qui reste, mais encore tout ce qui a été
réparé à gros fraix, et à quoy a été employée une somme de 4.000 francs, payée
par le sieur Alex. Torrent, provenant
d'un don fait par sieur Amand, marchand dud. Saugues, pour être employée
à l'établissement d'une maison d'instruction dans cette ville (1) ». En conséquence, les copropriétaires susnommés,
pour eux et pour leurs héritiers, ont
fait la concession à perpétuité de tous
les susdits bâtiments à MM. Molherat et
Enjelvin, prêtres qui en jouiront dès ce
jour et feront exécuter de suite les réparations nécessaires pour rendre le local
propre à sa destination.

L'établissement d'instruction publique
devra être formé par eux aussitôt que
les bâtiments seront habitables. La di
rection leur appartiendra et après eux à
ceux qu'ils auront désignés. Les conces-
sionnaires qui ont le choix du sexe
masculin ou féminin, auquel sera des-

(1) Document personnel.

tinée l'institution ne pourront jamais employer ledit bâtiment à d'autres usages qu'à celui de l'instruction publique, et logement des instituteurs ou institutrices et de leurs élèves.

On a vu (*Notes historiques sur Saugues,* p. 328), comment M. Enjelvin, curé de la paroisse et la municipalité d'alors, appelèrent en 1820 les sœurs de la Présentation pour donner l'instruction aux jeunes filles de la paroisse et du canton. Cet établissement congréganiste, devenu très florissant, a été fermé en 1904, par la persécution qui sévit sur l'Eglise de France et sur les ordres religieux.

On a vu également (*ibidem*) comment fut organisée l'école congréganiste des garçons, et comment depuis ont été créées des écoles officielles de l'Etat, dites écoles laïques, destinées à l'un et à l'autre sexe.

Nous ne pouvons faire, dans ces courtes notes, le récit des événements qui se sont passés à Saugues depuis la Révolution jusqu'à nos jours, il suffira de donner l'énumération succincte des personnages que leurs fonctions ont mis en évidence.

Le 18 octobre 1808, M. Masson est nommé maire, M. du Mazel, adjoint.

La municipalité avait envoyé une adresse à l'Empereur et à l'Impérarice le 9 octobre 1804 ; pour bien montrer qu'elle acceptait les régimes établis, elle envoie, le 15 juin 1814, une députation à Louis XVIII devenu roi de France. Le 18 avril 1815, M. Boulangier est installé comme maire de Saugues, c'était l'époque des Cent-Jours.

En novembre 1816, M. du Mazel est maire, avec MM. Boulangier et Limozin pour adjoints.

Sur ces entrefaites, le comte d'Artois, sous le nom de Charles X, venait de monter sur le trône, après la mort de son frère, Louis XVIII. Son fils, le duc de Berry, était tombé sous le poignard d'un assassin. Son petit-fils, le duc de Bordeaux, appelé plus tard le comte de Chambord, arrivait à l'âge où devaient commencer ses études scientifiques. On lui choisit pour précepteur dans cette partie M. Joachim Barrande, alors ingénieur à Decizes.

Joachim Barrande (voy. *Notes historiques sur Saugues*, p. 289.) était né à Saugues en 1799. A l'âge de 21 ans, il entrait à l'école polytechnique pour en sortir premier en 1821. Il optait pour les Ponts et Chaussées, et était envoyé à Decizes où il devait construire un ouvrage difficile.

Ce choix glorieux avait mis en émoi les habitants de cette petite localité qu'est la ville de Saugues. Il semblait que la flatteuse distinction dont était honoré l'un de leurs compatriotes rejaillit en quelque sorte sur tous les habitants :

« Le dimanche matin, cinq novembre mil huit cent vingt-six, au sortir de l'office divin, un grand nombre des habitants de la ville, mus par un sentiment naturel de satisfaction et de curiosité au sujet d'une nouvelle extraordinaire intéressante pour le pays, se sont groupés sur la place, pour s'informer, se questionner, s'applaudir et se réjouir à l'envie.

« Ce groupe s'étant acheminé vers la salle de la mairie, et M. le maire ayant reconnu que presque tous les conseillers municipaux s'y trouvaient réunis, a dit :

« Messieurs, le courrier d'hier nous a « appris une nouvelle aussi flatteuse

« qu'inattendue. M. Barrande, ingénieur
« des Ponts et Chaussées, est nommé
« sous-précepteur de Mgr le duc de
« Bordeaux. Une faveur aussi éclatante
« tombée sur le mérite modeste de notre
« concitoyen a fait tressaillir tous nos
« cœurs de joie, de reconnaissance et
« d'admiration ; j'ai l'honneur de vous
« proposer de consigner dans nos regis-
« tres un événement aussi glorieux pour
« notre ville, et de transmettre à l'hono-
« rable concitoyen qui en est l'objet l'ex-
« pression des sentiments qu'il a excités,
« avec nos franches et cordiales félicitations. »

« Tous les membres du Conseil municipal s'étant levés ont unanimement
adopté la proposition de M. le maire et
l'ont prié d'adresser de suite à M. l'ingénieur Barrande, sous-précepteur de
Mgr le duc de Bordeaux, la présente délibération qu'ils ont signée tant au ré-
gistre qu'à l'expédition. »

Suivent les signatures : Martin-Malaleuge, Prolhac, Beraud, Boulangier-Ville-
neuve, Chirac, Court, Lescure, Agulhon,
Labretoigne, D'Imbert Montruffet, Pa-
gès, Limozin, Alexandre Torrent, Estaniol, Dumazel, maire.

M. Barrande fit au maire et au
conseil de Saugues les deux réponses
suivantes, consignées dans les registres
de la municipalité :

Aux Tuileries, le 17 octobre 1826.

« Monsieur le maire,

« Vous et la ville de Saugues m'avez
honoré d'une si grande marque de votre
affection, qu'il est presque honteux pour
moi de n'avoir pas encore pu vous témoigner ma reconnaissance. De toutes

les félicitations que j'ai reçues, celle à laquelle j'ai été le plus sensible est sans contredit celle que vous avez eu la bonté de m'adresser au nom du conseil municipal, auquel je vous prie de communiquer ma réponse ci-jointe. Recevez aussi en particulier, Monsieur le maire, l'expression de ma gratitude.

« Lorsque le Roy a daigné m'appeler à Paris, je suis arrivé avec une santé chancelante qui a exigé plusieurs jours d'un repos absolu. Aussitôt que mes forces me l'ont permis, j'ai fait encore une fois le voyage de Nevers pour remettre les affaires de mon service à mon successeur. Depuis mon retour de ce dernier voyage, j'ai été installé définitivement dans mes fonctions auprès de Monseigneur le duc de Bordeaux.

« Je consacre le premier moment de repos à m'acquitter envers vous et envers la ville de Saugues, d'une dette de cœur que je ne pourrai jamais solder tout entière.

« J'ai le bonheur de voir tous les jours et à toutes les heures du jour cet enfant du miracle qui annonce toutes les qualités de l'esprit et du cœur. Vous pensez qu'un enfant de six ans ne doit pas encore s'occuper beaucoup de sciences abstraites. Le jeune prince a cependant commencé l'étude de l'arithmétique à laquelle il prend un grand plaisir. »

« En attendant l'âge où je pourrai plus assidûment enseigner les sciences à notre Auguste élève, j'ai été chargé de lui apprendre l'Histoire de France. Vous seriez étonné de voir quelles connaissances possède déjà Mgr le duc de Bordeaux tant en histoire qu'en géographie. Il a une rare aptitude pour saisir tout ce qu'on lui enseigne, il va même au devant des leçons par des questions

fort ingénieuses. Vous avez vu souvent
dans les journaux les réparties et les
mots heureux qui lui échappent ; tout en
lui annonce un Bourbon.

« Sa santé est parfaite ; il déploie dans
les jeux de son âge une force et une agi-
lité surprenantes.

« Agréez, Monsieur le maire, l'assu-
rance des sentiments de parfaite considération avec lesquels j'ai l'honneur
d'être, votre très humble et obéissant
serviteur,

« Signé : J. BARRANDE. »

*A Monsieur le Maire et à Messieurs les
membres du Conseil municipal de la
ville de Saugues.*

« Messieurs et chers concitoyens,

« Après la faveur inattendue dont Sa
Majesté a daigné m'honorer en m'appe-
lant à concourir à l'éducation du jeune
prince qui fait tout l'espoir de la France,
rien ne pouvait être plus honorable pour
moi que la manière dont vous avez ac-
cueilli la nouvelle de mon bonheur. J'ai
été profondément touché de l'expression
affectueuse de vos félicitations, et l'impression que j'en ai reçue est gravée
dans mon cœur d'une manière ineffaça-
ble. Voir mon nom inscrit si honorable-
ment dans vos Archives est une distinction autant au-dessus de mon mérite et
de mon ambition que la faveur même
du Roi que je viens de recevoir ; il me
reste maintenant à me rendre digne de
l'une et de l'autre.

« Vos nobles encouragements seront
pour moi un nouveau motif d'émula-
tion, heureux si par des efforts continuels je peux m'élever à la hauteur des

nobles fonctions qui m'ont été confiées.

« Il sera bien doux pour votre concitoyen d'appeler l'attention et l'intérêt
de son Auguste élève sur cette petite cité qui a acquis tant de titres à la bienveillance de nos rois. Je m'estimerai sou-
verainement heureux, si je puis faire
partager au prince sur lequel reposent
toutes les destinées de la France un de
ces vifs sentiments d'affection particulière dont je serai toujours animé pour
ma ville natale et pour mes concitoyens.

« Agréez, Messieurs et chers concitoyens, l'hommage de ma profonde reconnaissance et l'expression des vifs sentiments d'affection particulière avec lesquels, j'ai l'honneur d'être, votre très
humble et très obéissant serviteur. »

« Signé : J. Barrande,

« *Sous précepteur de Son Altesse Royale
Monseigneur le duc de Bordeaux* ».

Aux Tuileries, le 19 décembre 1826 (1)

M. Joachim Barrande suivit en exil
son royal élève, et passa auprès de lui,
son rôle une fois terminé, sa vie tout
entière. Le comte de Chambord qui
avait pour son maître une affection et
une confiance sans limites, le désigna
comme son exécuteur testamentaire. Le
précepteur ne survécut que de six semaines au royal exilé. La mort le prit à
Froshdorf, le 5 octobre 1883. Il avait
84 ans.

Mais les hautes fonctions dont il fut
investi, ne constituent pas son seul titre
de gloire. Ses profondes connaissances

(1) Registres de la municipalité de Saugues, N° 10.

géologiques, les remarquables études
qu'il publia sur cette matière, le signa-
lèrent à l'admiration des savants de son
époque.

De 1852 à 1881, il fit paraître les
vingt-deux volumes de son ouvrage mo-
numental : « *Le Système Silurien du centre de la Bohême* ».

« L'apparition de l'ouvrage de Bar-
« rande fit sensation parmi les hommes
« compétents. On ne savait ce qu'il fal-
« lait le plus admirer de la masse des
« matériaux accumulés, de la sagacité
« déployée par l'auteur, du soin qui
« avait présidé aux descriptions, de
« l'immense érudition qui s'y laissait
« voir, enfin de la fidélité et de la par-
« faite exécution des dessins. De ce
« jour, la réputation du savant devint
« universelle....

« Vénéré des géologues du monde en-
« tier, avec lesquels il était en perpé-
« tuelle correspondance, tant on avait
« besoin de ses lumières, Barrande fut
« un fervent et inébranlable disciple de
« Cuvier....

« ....Barrande n'a voulu être d'aucune
« Académie, et sa boutonnière est restée
« vierge de toute décoration.. La foule a
« ignoré son nom, et la France qu'il
« honorait ne l'a que rarement tenu dans
« ses frontières. Il n'en a pas moins con-
« quis une renommée universelle auprès
« des deux seules catégories de gens dont
« l'opinion lui importait : les hommes de
« science et les hommes de cœur (1) ».

A l'heure présente, les moindres villes,
même les plus infimes bourgades, cher-
chent à se procurer un grand homme,
une célébrité, qui, pour avoir vu le jour

____

(2) A. de Lapparent. *Livre du Centenaire de l'école
polytechnique*, p. 389 et suiv.

dans leurs murs, puisse par son renom et par sa gloire, leur donner un peu de relief et de notoriété ; elles exhument de l'oubli, parfois quelque fastueuse nullité, dont on cherche, à la loupe, les qualités et les mérites, plus souvent encore quelque sinistre gredin politique, à qui l'on fait les honneurs d'un buste ou d'une statue.

Saugues possède son grand homme, dont le mérite incontesté et la gloire indiscutable, n'ont qu'un défaut, c'est d'être trop peu connus ou trop oubliés de nos concitoyens.

Pourquoi ne donnerait-on pas, à la place sur laquelle s'élève la maison qui le vit naître, le nom du plus illustre citoyen qu'ait produit notre cité, le nom de Joachim Barrande ? Cette justice tardive, notre ville se la doit à elle-même et la doit aussi au mérite de notre concitoyen.

Après MM. André Prolhac et du Mazel (1826), les maires élus de la ville de Saugues ont été les suivants :

1830 (20 sept.), Martin-Malaleuge.
1831 (25 févr.), Estaniol.
1834 (..........) Estaniol.
1838 (26 déc.), Boulangier.
1841 (20 sept.), Lyon Basile.
1846 (7 nov.), Vital-André Boulangier.
1852 (27 juillet). F.-Gabriel Estaniol.
1853 (...) Ignace de Labretoigne de La-
      valette.
1859 (20 avril), J.-B.-Félix Bonhomme.
1863 (20 sept.), Thomas Séquier.
1870 (16 sept.), Alphonse Limozin.
1877 (octobre), Page-Experton.
1878 (3 janvier), Alphonse Limozin.
1884 (18 mai), Alphonse Ménard.
1889 (mars), J.-Paul Limozin.
1898 (septembre), Joseph Limozin.

FIN

TABLE DES MATIÈRES

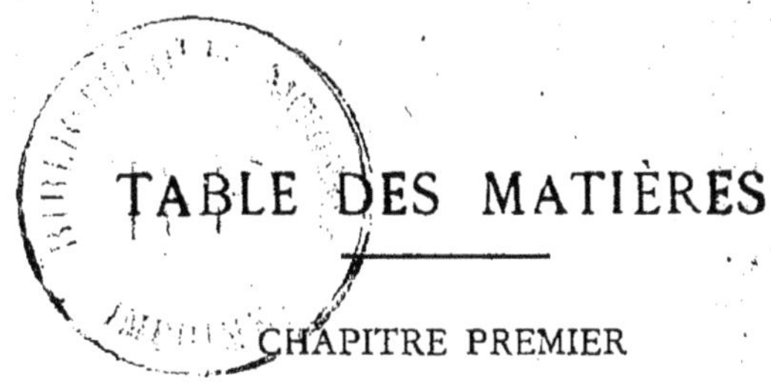

CHAPITRE X

CHAPITRE XI

CHAPITRE XII

CHAPITRE XIII

CHAPITRE XIV

CHAPITRE XV

CHAPITRE XVI

APPENDICE